ちくま学芸文庫

悪について

エーリッヒ・フロム
渡会圭子 訳

筑摩書房

THE HEART OF MAN

Its Genius for Good and Evil

by

Erich Fromm

Japanese translation published by arrangement with Dr. Rainer Funk
as literary executor of the Estate of Erich Fromm and of Annis Fromm
c/o Liepman AG through The English Agency (Japan) Ltd.

目次

悪について

イントロダクション

この本は、私がこれまでの著作で扱ったテーマをとりあげ、それをさらに発展させようとするものである。『自由からの逃走』で、私は自由とサディズム、マゾヒズム、そして破壊性の問題に取り組んだ。その一方で、臨床経験と理論的考察から、自由だけでなくさまざまな種類の攻撃性や破壊性と思われるものについての理解が深まったと考えている。生活のなかに直接的、間接的に見られるさまざまな種類の攻撃性と、悪質なかたちの破壊性であるネクロフィリアとの区別が可能になった。ネクロフィリアは生を心から愛するのとは逆に、死を心から愛することだ。『人間における自由』で、私は人間の本性についての知識に基づく倫理規範の問題を論じたが、天啓や人間がつくった法律や慣習については触れなかった。本書ではさらに問題を掘り下げて、悪の本質、そして善か悪かの選択の本質について論じる。また、本書はある面において『愛するということ』と対をなしている。『愛するということ』の主題は人間の愛する能力だったが、本書の主題は人間の破壊能力、ナルシシズム、近親相姦的固着である。愛以外についての議論がページの大半を占めているものの、愛の問題も新たに、より広い意味でとりあげられている。具体的にいうと、生を愛することである。生への愛、独立心、そしてナルシシズムの克服が〝成長のシンドローム〟を形成し、逆に死への愛、近親相姦的共生、悪性のナルシシズムが〝衰退のシンドローム〟を形成してしまうことを示すつもりだ。

私をこの衰退のシンドロームの研究へとかりたてたものは、自分の臨床的な経験だけでなく、近年の社会や政治の展開でもある。人々は善意にあふれ、核戦争の結果についてもよく知っている。にもかかわらず、戦争勃発の危険や可能性の高さに比して、それを回避しようとする試みはいかにも頼りない。核兵器による軍拡競争と冷戦が続いている状況のなか、なぜそのような試みが十分なされないのかが、これまで以上に差し迫った問題となっている。こうした懸念から私は、機械化がどんどん進んでいる産業主義における生への無関心という現象を研究してみたいと思った。産業主義の世界において、人はモノへと変化し、その結果、生への憎しみとは言わないまでも、不安や無関心が満ちている。しかしそれを別にしても、ジョン・F・ケネディ暗殺だけでなく少年犯罪にも見受けられる昨今の暴力的なムードについて、その原因を説明し理解することが必要だ。そうすることが変化への最初の一歩になるだろう。私たちは新たなバーバリズム——核戦争にまで至ることはなくとも——に向かっているのか、それともヒューマニズムの伝統の復活が可能なのか、という疑問が生まれている。

これまであげてきた問題のほか、私の精神分析上の概念とフロイト理論との関連を明らかにすることも本書の目的である。〝文化学派〟であろうと〝新フロイト派〟であろうと、自分が新しい精神分析の〝学派〟に属しているとみなされることに、私は納得していない。こうした新しい学派の多くは、貴重な見識を展開する一方で、フロイトの重大な発見の大半を失っているように思われる。私が〝正統フロイト派〟でないことは確かだ。むしろどんな理論でも、六十年の間に変わらないなら、まさにその変わらないという事実によって、考案者のオリジナルの理論と同じものではなくなっていると言ってよい。それは時代遅れになったものの反復であり、反復されることによって、事実上、変形しているのだ。フロイトの基本的な発見はある哲学的な枠組み、つまり二十世紀初頭に生きたほとんどの自然科学者に見られる、機械論的唯物主義の流れのなかで考えられている。私はフロイトの思想をさらに発展させるには違う哲学的枠組み、つまり弁証法的ヒューマニズムが必要だと考える。私がこの本で実証しようとしているのは、フロイトの最大の発見（エディプス・コンプレックス、ナルシシズム、死の本能）はその哲学上の前提に縛られており、そこから解放して新たな枠組みに移し替えることによって、さらに強力で意義深いものにすることができるということだ[1]。その新たな枠組みとは、ヒューマニズム、厳格な批評と徹底したリアリズム、そして合理的な信仰が逆説的に混合したものであり、フロイトが基礎を築いた研究が、そこから豊かな発展を遂げると信じている。

もうひとことつけ加えると、本書に書かれている考えはすべて、私の精神分析家（そしてある程度までは社会的プロセスの研究者）としての臨床経験の結果ではあるが、臨床上の記録はほとんど割愛している。それについては、もっと大きな著作で、ヒューマニズムに基づく精神分析の理論と治療法を扱うときに入れるつもりだ。

最後に、第六章に関して、重要な助言を与えてくれたポール・エドワーズに感謝の念を表する。

第一章　人間——狼か羊か

人間は羊だと信じている人は多い。一方、人間は狼だと信じる人もいる。どちらの側も自分たちの立場が正しいという、説得力のある主張を集めることができる。人間は羊だと主張するなら、人は簡単にまわりに流されて、たとえ自分自身にとって害になることでも言われたとおりのことをする、と指摘すれば事足りる。指導者の命令に従って、破壊以外のなにものでもない戦争に突き進む。熱心に勧められたから——聖職者や国王の激しい恫喝から、陰に陽に誘う甘い言葉まで——、あるいは有力者が支持しているからというだけで、どんなナンセンスでも信じてしまう。人間はだいたい暗示にかかりやすく、半分しか目を覚ましていない子どものようなもので、脅しや甘言を使う人に簡単に自らの意志をゆだねてしまう。現実には大衆の反対に抗って声をあげられる人は、ふつうではなく例外であり、数世紀のちには賞賛されても、同時代を生きる人々からはたいてい嘲笑される。

宗教裁判所の大審問官や独裁者たちは、人間は羊であるという前提のうえに体制を築いてきた。さらに、人間は羊であり彼らに代わって決定を行なう指導者が必要だという思い込みのために、指導者たちは人が望むものを与えれば――責任と自由という重荷を取り去ってやれる指導者でありさえすれば――、たとえそれが悲劇的なことであっても、道徳的義務を果たしているという確信を持つことが多い。

しかしほとんどの人間が羊であるというなら、人間の生活が羊の生活とこれほどまでに違うのはなぜなのだろうか。人の歴史は血塗られている。それは絶え間ない暴力の歴史であり、人々の意志を変えさせるのに、まず間違いなく力が用いられている。タラート・パシャ〔一八七四―一九二一年、オスマン帝国末期の政治家〕はひとりで何百万人ものアルメニア人を虐殺したのか。ヒトラーはひとりで何百万人ものユダヤ人を虐殺したのか。スターリンはひとりで何百万人もの政敵を排斥したのか。彼らは決してひとりではなかった。彼らに代わって殺したり拷問したりする部下が、自ら進んでどころか嬉々としてやってくれる部下が何千人もいたのだ。人間に対する人間による非人道的なふるまいを、あらゆるところで目にしていないだろうか――無慈悲な戦い、殺人や凌辱、強者による弱者の苛酷なまでの搾取、そして悩み苦しむ人々の嘆きの声がたいてい無視され顧みられないという事実を。これらの事実から、ホッブズのような思想家たちは、人は同胞に対して狼である(homo homini lupus)と結論するに至った。彼らの主張によって多くの人が、人間は生まれつき邪悪で破壊的であり、殺人という娯楽を控えるのは、もっと強い殺人者を恐れるときだけだと考えるようになった。

しかしどちらの議論も腑に落ちない。たしかに私たちは、スターリンやヒトラーのように情け容赦のない、潜在的あるいは顕在的な殺人者やサディストがいるのを知っている。しかしそういう人間はふつうではなくて例外である。あなたや私をふくめ、平均的な人間は羊の皮をかぶった狼であり、いまこの瞬間、野獣のようにふるまうのを阻止している抑止力が取り払われてしまえば〝本性〟があらわになる、と考えるべきなのだろうか。この前提が誤っていることを証明するのは難しいが、単純に肯定できるものでもない。ふだんの生活のなかでも、仕返しを心配せずに残酷さやサディズムを発揮する機会はいくらでもある。しかし実際にそれをする人は多くない。それどころか残酷さやサディズムに遭遇すると、ある種の嫌悪を感じる人のほうが多い。

それなら、ここで論じている不可解な矛盾について、他にもっとうまい説明があるだろうか。ごく単純なものとしては、少数の狼と多数の羊が共存しているという考え方がある。狼は殺したがり、羊は従いたがる。そこで狼が羊に殺人、謀殺、絞殺をさせ、羊は楽しむためではなく、追随したいという気持ちからその命に従う。それでも殺人の首謀者たちが多数派である羊たちに狼のようなことをさせるためには、自分たちの高貴な目的、自由を脅かすものからの防衛、銃剣で殺された子どもたちや犯された女性たちのための復讐、汚された名誉の回復といった物語をつくり上げなければならない。この答えはもっともらしく思えるが、まだ多くの疑問が残る。人間には狼と羊という二つの種類があるのか、ということだ。さらに狼の性質を持たない羊が、たとえその暴力が神聖なる務めだと聞かされたとしても、簡単に狼のようにふるまえるものだろうか。この狼と羊の仮説には無理があるかもしれない。やはり人間の本質は狼であるが、大半の人はそこまであからさまに見せていないだけ、ということなのだろうか。それともこの二者択一がそもそも間違っているのだろうか。人は狼でもあり羊でもある、あるいは、狼でもなければ羊でもないのだろうか。

これらの疑問への答えは、こんにちきわめて重要である。いまは各国が〝敵国〟を全滅させるために特に破壊力が高い兵器の使用を考え、自分たち自身が大惨事《ホロコースト》に見舞われて消滅する可能性もあるというのに、それを思いとどまる気配すらない。人間は生来的に破壊に向かいやすく、武器や暴力を使いたがるのがそれに根ざした性質であるなら、高まり続ける残虐性への反対の声は弱まる一方だろう。程度の差こそあれ、私たち誰もが狼なら、なぜ狼に反抗する必要があるだろう。

人間が狼か羊かという問題は、より広く全体的な面から見れば、西洋の神学や哲学的思考の根本的な問題の一つ——人はそもそも邪悪で堕落しているのか、あるいは人間は善良で完全な存在になりうるのか——の、特殊な形態にすぎない。旧約聖書では、人は基本的に堕落しているという立場はとらない。アダムとイヴの神への不服従は、罪とは呼ばれない。この不服従で人が堕落したとにおわせる表現はどこにもない。それどころか不服従は人間の自我の目覚め、選択する能力を獲得するための条件であり、つまるところ、この最初の不服従という行為は自由への第一歩なのだ。服従しないことも神の計画の一部ではないかとすら思える。預言者の考えによれば、人は楽園から追放されたからこそ自らの歴史をつくり、人間としての力を開花させ、人がまだ個として確立していなかったときの調和ではなく、十分に成熟した個人として、自然との新たな調和を手に入れることができる。救世主についての預言者の考えはたしかに、人は根本的に堕落していないので、神の特別な恩寵がなくても救われるということを示唆している。しかしそれは善へと向かう可能性が必ず勝つという意味ではない。人が悪行を働けば、さらに悪行を重ねることになる。ファラオ（パロ）の心が〝かたくなに〟なったのも（「出エジプト記」）彼が悪事を続けたからだ。ここまでかたくなになると、もう変化することも悔い改めることも不可能だ。旧約聖書では少なくとも善行と同じくらい悪行の例をあげていて、ダヴィデ王のような高貴な人物であろうと、悪をなす者のリストから除外していない。旧約聖書の見解では、人は善と悪どちらにもなりうるもので、善か悪か、祝福か呪いか、生か死か、どちらかを選ばなくてはならない。神でさえその選択には介入しない。ただ使徒や預言者を送りこみ、善を実現し、悪を見きわめ、警告し、抵抗するための規範を教える。しかしそれが終われば、人間は〝二つの闘い〟、一つは善のため、もう一つは悪のための闘いを前にして、一人で決定を行なうことになる。

キリスト教における展開は違っていた。教会制度が発展する過程で、アダムの不服従は罪と考えられた。それは重大な罪であり、そのために人間の本質が堕落し、その子孫たちすべてが罪を負ったため、人は自らの努力だけでは堕落から免れえない。神の恩寵、つまりキリストが出現して人間のために死ぬことによってのみ、人間の堕落が止まり、キリストを受け入れる人々に救いを与えられた。

しかし原罪という教義に、教会内でまったく反対がないわけではなかった。ペラギウス〔三五四―四二〇年頃、イギリスの神学者。四一六年に異端とされた〕はそれを激しく攻撃したが敗北した。教会内部のルネサンスのヒューマニストたちはそれを軽視しようとしていたが、直接攻撃したり否定することはできなかった。その一方で多くの異端者はそれを攻撃し、否定していた。ルターはむしろ人間の生来の悪と堕落について、もっと極端な見解を持っていたが、ルネサンスとのちの啓蒙主義の思想家たちは、彼らとは逆の方向へと大きく歩を進めた。人間の悪はすべて環境の結果にほかならないので、人間は本当に選択する必要はないと主張したのだ。悪を生む環境を変えれば、生来の善なる性質がごく自然に現れるというのが彼らの考えだった。この見解はマルクスとその後継者の思想にも影響を与えた。人間の善を信じる思想は、ルネサンスとともに始まった圧倒的な経済的・政治的進歩によって、新たに生まれた自信のたまものだった。反対に、第一次世界大戦に始まった西洋の道徳的破綻は、ヒトラーとスターリン、コヴェントリー〔第二次世界大戦中にナチス・ドイツの爆撃で壊滅したイギリスの都市〕、ヒロシマを経て世界が滅亡してもおかしくない現在に至り、ふたたび悪に向かう人間の性質が強調される昔ながらの状況を生み出した。それがあらためて強調されたことは、人間がもともと持っている、悪に向かう可能性の過小評価を防ぐという健全な効果もあった。しかし多くの場合、人間への信頼を失っていない人々の立場が誤解され、ときには歪曲されたことで、彼らへの嘲笑を招くことが多かった。

人間の内部にある潜在的な悪を過小評価していると誤解されることが多い者の一人

として強調しておきたいのは、私自身の思考には、そのような感傷的な楽観主義的傾向はないということだ。精神分析家として長い臨床経験を持つ人間が、人間の内部にある破壊的な力を軽視するのは困難である。重い病気の患者のなかにそうした力が働いていることがわかっても、それを止めたり、そのエネルギーを建設的なほうへ向けることがどれほど難しいかを経験している。また第一次世界大戦が始まったときから、人間の悪が爆発的に噴出したのを目撃した人々も、人が持つ破壊性の強さと激しさに目をつぶることはできないだろう。しかしこんにち生きている人々（一般人だけでなく知識人も）の間に、かつてないほど無力感が増大しており、新たなかたちの堕落と原罪についての考え方を受け入れる素地が生まれる危険がある。それは、戦争は人間の本質である破壊性の結果なので避けようがないという敗北主義的見解を合理化する考え方である。このような見解は、きわめて現実主義的だと自負することもあるが、実際には非現実的であることを示す証拠が二つある。第一に、破壊的な衝動がどれほど強くても、それを克服できないということはないし、それに支配されるわけでさえない。この見解の第二の誤りは、戦争は主に心理学的な力の結果であるという前提にある。社会や政治の現象を理解するのに、この〝心理主義〟にいつまでもこだわる必要はどこにもない。戦争とは、領土や天然資源、通商上の優位を勝ち取るために、政界、軍部、実業界の指導者たちの決定によって起こるものである。あるいは国家の安全保障に本当に脅威を与える、あるいは与えるとされる他国からの防衛、また自国の地位や名誉を高めるという理由もあるだろう。指導者たちはふつうの人間と変わらない。利己的で、他人のために自分の利益を捨てられる度量はほとんどない。しかし冷酷であったり邪悪であったりするわけではない。ふだんの生活では悪いことより良いことを多くしているはずだ。そのような人がひとたび何百万人を支配し、強大な破壊兵器をコントロールする権力を持つ立場につくと、大きな害をなすことがある。市民生活のなかでは競争相手を破滅させるくらいですむかもしれないが、現在の大きな力を持つ主権国家（ここで〝主権〟とは国家の行動を制限する道徳律にしばられないことを意味する）が並び立つ世界では、人類を滅亡させる可能性がある。人類にとって本当に危険なのは、並外れた権力を持つふつうの人間であり、悪魔やサディストではない。しかし戦争に武器が必要なのと同じで、何百万もの人々に命を危険にさらすよう仕向け、彼らを殺人者に仕立て上げるためには、憎悪、義憤、破壊性、恐怖心が必要になる。こうした激しい感情は、戦争を始めるのに必要な条件である。それらが戦争の原因ではないのは、銃や爆弾そのものが戦争の原因でないのと同じである。多くの識者が、核戦争はこの点において従来の戦争とは異なると述べている。一発で数十万もの人を殺すことが可能な核ミサイルの発射ボタンを押す人間は、銃剣やマシンガンを使う兵士と同じ意味で誰かを殺す経験をすることはないだろう。しかし核兵器を発射するという行為が、意識の上では命令に忠実に従うことにすぎないにしても、そうした行為が可能なのは、人格のもっと深いところに、破壊的衝動とまではいかなくても生命への深刻な無関心が潜んでいるためではないかという疑問は残る。

ここで人間の性向のなかで、もっとも堕落し危険な形態の基本をなすと思われる、三つの現象を選んでみよう。それらは死への愛、悪性のナルシシズム、そして共生・近親相姦的固着である。これら三つの性向が組み合わされると〝衰退のシンドローム〟が生じ、人を破壊のための破壊へ、憎悪のための憎悪へとかりたてる。〝衰退のシンドローム〟の対極にあるものとして、私は〝成長のシンドローム〟を説明しようと思う。これは生への愛（死への愛の反対）、人間への愛（ナルシシズムの反対）、そして独立（共生・近親相姦的固着の反対）からなる。これら二つのシンドロームのどちらかが最大限に発達するのはごくわずかな人だけだ。けれども誰でも自分で選んだ方向――生か死、あるいは善か悪か――へと進むことは否定できない。

第二章　さまざまな形態の暴力

本書では主に悪質なかたちの破壊性を扱うつもりだが、まず他のいくつかの形態の暴力について論じたい。事細かに説明するつもりはないが、それほど病的ではない暴力の現れについて検討することは、ひどく病的で悪質なかたちの破壊性について理解するうえでも有用だろう。暴力にはさまざまな形態が存在するが、その違いはそれぞれの無意識の動機の差異に基づいている。行動の無意識のダイナミクスを理解できなければ、その行動自体、その根源や経過、そのために用いられるエネルギーについて理解することはできない(2)。

もっとも一般的で病的でない形態の暴力は遊びの暴力である。それらはスキルを見せるために行使され、破壊を目的とせず、憎悪や破壊が動機でもない。この遊びの暴力としては、原初的な部族の戦争ゲームから剣道まで、多くの例があげられる。結果的に敵を死なせてしまっても、それは「たまたま悪いところにいた」相手の落ち度である。もちろん遊びの暴力に破壊願望がないかといえば、それは理想にすぎないし、現実では、ゲームの明確な論理の裏に、無意識の攻撃性や破壊性が潜んでいると気づくことはよくある。しかしそうであっても、この種の暴力の主な動機はスキルを見せることであり、破壊性を見せることではない。

遊びの暴力よりも、現実的にはるかに重要なのが反動的暴力である。反動的暴力とは、自分あるいは他人の生命、自由、威厳、財産を守るために使われる暴力だと、私は理解している。これは恐怖に根ざしており、まさにその理由から、もっともよく見られる形態の暴力である。その恐怖は現実でも想像でもありうるし、意識的でも無意識的でもありうる。それはまったくの非合理的な激情による結果ではなく、ある程度は合理的な計算に基づいている。そのため目的と手段との間には、それなりのバランスが保たれているように思われる。崇高な理念としては、たとえ防衛のためであっても殺しは道徳的に正しくないと論じられる。しかしそう信じている人々でも、生命を守るための暴力は破壊そのものを目的とした暴力とは違うことを認めているのだ。

脅威を感じた結果として起こる反動的暴力は、事実ではなく人間の精神の働きに基づいている場合が非常に多い。政治や宗教の指導者は、敵に脅かされていると支持者たちに思い込ませ、反動的な敵意からの主観的反応をかきたてる。そのため、正義の戦争は不正な戦争とは違うという、ローマ・カトリック教会だけでなく資本主義・共産主義政府も使っている主張は、きわめて疑わしいものになる。どちらの側もだいたい、自分たちは攻撃に対して防衛しているという立場を主張するからだ。[3] どんな侵略戦争でも、防衛という名のもとに行なわれることがほとんどである。本当に防衛のためだったと主張するのは、ふつうは勝者であり、長い時間がたってからより客観的な歴史家が判断する場合もある。どんな戦争も防衛のためのものだと思いたがる傾向には、二つのことが表れている。第一に、大多数の人々は、少なくとも高度に文明化した国々では、自分たちの生命や自由を守るためという確信がなければ、人を殺したり自らの命を投げ出したりできないということ。第二に、攻撃される危険があるので自衛しなければならないと、何百万もの人に信じ込ませるのは難しくないということだ。それを信じ込んでしまうのは、自分なりの考え方、感じ方ができず、政治指導者に感情的に頼ってしまっている人が大半であるからにほかならない。こうした依存傾向があるとすれば、人は力と確信をもって示されたものすべてを、本当のことだと受け入れてしまうだろう。脅威であるという主張を受け入れることで生じる心理的な結果が、本物の脅威に対するものと同じなのは言うまでもない。人は脅威を感じると、自分を守るために他人を殺す、あるいは破壊することも辞さない。偏執的な被害妄想にも、同じメカニズムが見られる。違いは集団ではなく個人に起こるということだけであり、どちらの場合も、主観的に危険を感じると攻撃的な反応が生じるのである。

もう一つ別のタイプの反動的暴力は、欲求不満《フラストレーション》から生じる種類の暴力である。これは気の荒い動物、子ども、大人にも見られ、何らかの希望や要求が満たされないときに起こる。[4] そのような攻撃的行動は、満たされなかった目的を暴力によって果たそうとする試みだが、結局は徒労に終わることが多い。それは明らかに生きるためのものであって、破壊のためのものではない。望みや要求が満たされない不満は、現在に至るまでほとんどの社会で起きている普遍的なことなので、暴力や攻撃がたえず生じ目撃されることに驚く理由はないだろう。

欲求不満による攻撃性に関連するのが、羨望と嫉妬から生じる敵意である。羨望も嫉妬も特別な種類の欲求不満をかたちづくる。それはAが欲しがっているものをBが持っている、あるいはAが愛している誰かがBを愛しているといった状況で起こる。自分が欲しがっているのに手に入れられないものを持つBに対する憎しみと敵意が、Aのなかに生まれる。羨望と嫉妬は欲求不満であり、Aが望むものを手に入れられないばかりでなく、他の人にそれが与えられていることで悪化する。自分には何の落ち度もないのに愛されないという理由で、ひいきされていた弟を殺したカイン、そしてヨセフとその兄弟たちの物語〔ともに「創世記」〕が、羨望と嫉妬の典型である。精神分析の文献には、これらと同じ現象に関する臨床データが数多く存在している。

反動的暴力に関連し、より病理的な方向に進んだもう一つのタイプの暴力が、復讐の暴力である。反動的暴力の目的は予想される害を避けることであり、生存という生物学的機能に役立つ。一方、復讐の暴力では、すでに害を受けているので、身を守るという働きはない。しかしそれは、現実になされたことを、なぜか帳消しにするという非合理的な働きを持つ。復讐の暴力は原初的集団、文明人の集団だけでなく、個人にも見られる。このタイプの暴力の非合理性を分析することで、さらに理解を先に進めることができる。復讐の動機は、集団あるいは個人の強さと生産性に反比例する。能力に欠けていたり、障害を持っていたりする人が、害をこうむって自尊心が損なわれた場合、それを回復する手段は一つしかない。それは「目には目を」の法に従って復讐することである。しかし生産的な生活をしている人は、そのようなことをする必要をまったく、あるいはほとんど感じない。もし傷つけられ、侮辱され、害を与えられても、生産的に生きるというまさにそのことが、過去の傷を忘れさせてくれる。何かを生み出す能力は、復讐の願望よりも強いことがわかっている。この分析が正しいことは、個人そして社会的規模での実験データですぐに証明できる。精神分析の知見では、独立してきちんとした生活ができず、復讐願望に全存在を賭けるような神経症的な人に比べて、成熟した生産性の高い人は、復讐したいという気持ちに突き動かされることが少ないことが示されている。精神病理学的に深刻な症状において復讐が人生最大の目的となるのは、復讐がなければ自尊心だけでなく、自己意識やアイデンティティが崩壊する恐れがあるからだ。同じく、多くの後進的な集団（経済的、文化的、情緒的な面で）では、復讐の願望（たとえば過去の国家の敗北に対して）が特に強いことがわかった。そのため工業先進国の多くでは、もっとも搾取されている下層中産階級に、復讐したいという感情が集中することになる。そこにはまた、人種差別や愛国主義の感情も集中する。〝投影的質問票〟[5]を使えば、復讐願望の強さと経済・文化の疲弊度との相関を、簡単に証明できるだろう。さらに複雑なのは、おそらく原初的な社会における復讐を理解することである。多くの原初的社会には、強烈で慣習化さえされている復讐の感情とパターンがあり、仲間に害が加えられたら、それに対して報復しなければならないと集団全体が感じるようになっている。ここでは、二つの要因が決定的な役割を持っているように思われる。第一は、先に述べたことと同じになるが、原初的集団に広がる心理的欠乏状態と、失われたものを回復するには復讐以外の手段はないと思わせる雰囲気だ。第二はナルシシズムで、この現象については第四章で詳しく説明する。ここでは、原初的集団が持つ強烈なナルシシズムという見地からすると、セルフイメージに対する侮辱は重大な攻撃であり、激しい敵意を生むのが当然だと言っておけば十分だろう。

復讐の暴力と密接な関連を持つのが、信頼の崩壊によって生じる破壊性である。ここでの〝信頼の崩壊〟とはどういう意味なのだろうか。

子どもの生は善意、愛情、正義への信頼から始まる。乳幼児は母親が乳を与え、寒いときはあたため、病気のときは慰めてくれると信じている。こうした信頼は父親、母親、祖父母など、近いところにいる人すべてに及ぶ。それは神への信頼とも表現できる。多くの人がこの信頼を幼いころに崩壊させられる。父親が重要な問題で嘘をついているのを耳にしたり、母親を恐れて彼女をなだめるために、子どもを裏切ろうとする情けない姿を見たりする。両親のセックスを目撃し、父親が野蛮な獣のように感じられるかもしれない。子どもが悲しいときや何かを怖がっているとき、心配してくれるはずの両親のどちらも気づかない、たとえ気持ちを伝えても、まったく気にかけてくれない。最初に持っていた両親の愛情、正直、正義への信頼が崩壊することはいくらでもある。宗教的な教えのもとに育てられた子どもにとって、信頼の喪失は直接、神へと及ぶ。かわいがっていた鳥や友人や妹の死を経験すると、神は善で公正であるという信頼が打ち砕かれる。しかし打ち砕かれるのが、人への信頼であろうと神への信頼であろうと、たいした違いではない。打ち砕かれるのは常に生への信頼、それを確信できる可能性である。どんな子どもでも数え切れないほどの幻滅を経験するのがふつうだが、重要なのは、ある特定の失望感の強さと激しさである。この最初の信頼の崩壊という重大な経験は、幼い時期にもたらされることが多い。四歳、五歳、六歳、あるいはもっと早い、記憶がほとんど残らない時期のこともある。そして信頼の最後の崩壊は、もっとあとに起こることが多い。たとえば信頼していた友人、恋人、教師、さらには政治や宗教の指導者からの裏切り。それはただ一回の出来事で起こることは少なく、小さな経験がいくつも重なって信頼が崩れていく。こうした経験にどのような反応をするかは、人によってさまざまである。失望した人に頼るのをやめ、自立してもっと信じられ、頼れる新しい友人、教師、恋人を見つけようとする人もいる。これが幼いときに経験した失望に対する、もっとも望ましい反応である。たいていの場合、人は疑念を持ったまま、奇跡が起こって信頼が回復することを望み、誰かを試し、それでまた失望すると、さらに他の人を試したり、強力な権威（教会、政党、指導者）へと身を投じたりする。生に対する信頼を失った絶望を乗り越えるため、世俗的な目的――金銭、権力、名声――を必死で追求することも多い。
暴力という観点から重要な反応が、もう一つ別にある。ひどく裏切られて深い絶望を味わった人は、生を憎むようになりうることである。何も誰も信じられなくなったら、善と正義への信頼がすべてばかげた幻想になってしまったら、生が神ではなく悪魔に支配されていたら――きっと生は憎むべきものになるだろう。もう失望の苦痛に耐えられなくなる。生は悪であり、人間は悪であり、自分自身も悪であると証明したくなる。生を信頼し愛していた人が、こうして世をすねた破壊者へと変わる。この破壊性は絶望の一つであり、生への失望が生への憎悪へとつながるのだ。

私の臨床経験では、こうした根深い信頼喪失の経験はよくあり、人の生涯において特に重大な中心的思想《ライトモティーフ》になることも多い。同じことは、社会生活で信頼していた指導者が悪であったり無能であったりしたときにもあてはまる。それに対する反応として、自立が促されるのではなく、冷笑的になったり破壊的になったりする。

これらの暴力はすべて、現実的あるいは不可思議なかたちで、少なくとも生への打撃や失望の結果として、やはり生に寄与しているが、次に検討する補償的暴力は、第三章で論じるネクロフィリアほどではないにしても、もっと病的な形態の暴力である。

補償的暴力は、無力者にとって生産的行為の代用であると、私は理解している。ここで使われている〝無力（インポテンス＝ポテンシーの欠如）〟という用語を理解するには、いくつかの予備的な考察が必要となる。人は自然や社会の力に支配される対象だが、そのような対象にとどまる存在ではない。人は世界を変革する意志、能力、自由を持っている。ただし、そこには一定の限界がある。ここで重要なのは意志と自由の範囲ではなく、(6)人は完全な服従には耐えられないという事実である。人は変容、変化させられるばかりでなく、世界を変容、変化させて、自分の足跡を世界に刻みたいと切実に思っている。そのような欲求は、古代の洞窟壁画をはじめ、すべての芸術、生産活動、性衝動に表れている。こうした活動はすべて、意志を目標に向けて、そこに到達するまで努力し続けることができる、人間の能力の結果だといってよい。そのように自らの力を行使できる能力こそがポテンシーである（性的ポテンシーはその一つの形態にすぎない）。もし弱さ、不安、不適格といった理由で行動できない、ポテンシーがない、つまり無力であれば、人は苦悩する。この無力であることの苦悩は、人間の心の均衡が乱され、完全に無力な状態を受け入れられず、行動する能力を取り戻そうとせずにはいられないという事実に根ざしている。しかしそれを受け入れることができるだろうか？　できるとすればどのように？　一つの方法は、権力を持つ人や集団に従って一体化することである。そのように他人の生に象徴的に加わることで、人は行動していると錯覚するが、実際にはただ服従して行動する人々の一部となっているにすぎない。もう一つの方法は――この文脈において何より興味深いものだが――、人の破壊力に頼ることである。

生を創造することは、カップからサイコロが投げ出されるようにして生み出された、神の創造物としての立場を超越することである。しかし生を破壊することは、それを超越して完全な服従の耐えがたい苦しみから逃げることでもある。生を創造するには、無力な人にはない、ある性質が必要となる。生を破壊するのに必要な性質はただ一つ――暴力の使用である。ピストルやナイフ、強力な武器さえあれば、無能な人であっても他人や自分の生を破壊できる。そうすることで、自分の能力を行使させないことに対し、生に復讐するのだ。補償的暴力はまさに無力であることに根ざし、それを埋め合わせるための暴力にほかならない。創造できない人は破壊することを望む。カミユはカリギュラに「私は生きる、私は殺す、私は破壊者の熱狂的な力を発揮する。それに比べたら創造者の力など子どもの遊びにすぎない」と言わせて、その思考を端的に表現した。これは人間特有の力を前向きに表現する能力を生に否定された人々の暴力である。彼らは人間だからこそ破壊する必要がある。人間であることは、モノという性質を超越することなのだから。

補償的暴力と密接に関連するのが、動物でも人間でも、生きているものを完全に支配したいという衝動である。この衝動がサディズムの本質である。『自由からの逃走』(7)で指摘したように、サディズムの本質は他人を苦しめたいという願望にあるわけではない。私たちが観察できるさまざまな異なるかたちのサディズムはすべて、一つの本質的な衝動に行き着く。それは他人を完全に支配し、自分の意のままにできる無力なものにしたい、その神となって好きなようにしたいという願望である。その人を辱め、従わせるのは手段であり、根源にある目的は彼を苦しめることだ。それは、自分で身を守れない状態で苦しみを強制することが、他人に及ぼすことのできる何よりも大きな力だからである。他人（あるいは動物）を完全に支配する喜びこそ、まさにサディスティックな衝動の本質をなしている。この考え方を別の方法で説明するなら、サディズムの目的は人間をモノに変えること、生命のあるものを、生命のないものに変えることにある。完全で絶対的な支配を受けることで、生物は生の本質の一つ、すなわち自由を失うのだ。

個人や集団において破壊的かつサディスティックな暴力が、いかに激しく頻繁に起こっているかを十分に体験しさえすれば、補償的暴力は決して表面的なものではないし、悪いものの影響や悪習などの結果ではないと理解できる。それは人間のなかにある、生きたいという願望と同じくらい激しく強烈な力なのだ。そこまで強烈なのは、その暴力が、無能にされることへの生の反抗の要素をなすからである。人間が破壊的でサディスティックな暴力の潜在性を持つのは、人間が人間であってモノではないからであり、生を創造できなければそれを破壊する必要があるからである。何千もの無力な人々が、人間が獣に食い殺されたり、互いに殺し合ったりするのを見て大喜びしていたローマのコロシアムは、いわばサディズムの壮大な遺跡なのだ。

こうした考えから、さらに他の考えが生じてくる。補償的暴力は空虚で不完全な生の結果、しかも必然的な結果である。それは罰への恐怖で抑圧できるし、あらゆる種類の見世物や娯楽で気をそらせることもできるだろう。しかしそれは、強い力のまま潜在的に残り続け、抑圧の力が弱まると必ず表に現れる。補償的な破壊性を解決する唯一の方法は、人間の創造可能性、人間的な力を生産的に活用する能力を高めることである。欠損が埋められてはじめて人間は破壊者やサディストでなくなり、また生に関心を持つことができる状態でのみ、過去から現在への歴史を恥ずべきものにしているこの衝動を排除できるのだ。補償的暴力は、反動的暴力とは違って生の役には立たない。それは病理的な生の代用であり、生の不自由さと空虚さを暗に示している。しかしそのように生を完全に否定しながら、それでもやはり生きたい、不自由でいたくないという人間の欲求があることを実証している。

最後にもう一つ、説明しておかなければならないタイプの暴力がある。それは原初的な〝残虐性（血の渇望）〟である。これは何かが欠如した者の暴力ではなく、野生とのつながりが守られている人間の残虐性である。その殺しへの激しい欲求は生を超越するための方法であり、彼が前進して一人前の人間になることを恐れているために起こる（この選択については後述する）。個が確立する前の状態に退行し、また動物のようになって理性の重荷から解放されることで生に対する答えを見いだそうとする人にとって、血は生の本質となる。血を流すことで、自分は生きていて、強く唯一無二の存在であり、他の誰よりも高いところにいると感じるのだ。殺しは大きな陶酔となり、ごく原初的なレベルでの深い自己確認となる。反対に殺されることは、論理的に、殺しに代わる唯一の選択肢となる。これが原初的な意味での生の均衡である。できるだけ多くを殺し、生が飽くほどの血にまみれたら、殺されることを受け入れる。この意味での殺しは、本質的に死を愛することではない。もっとも深いレベルでの生の確認と超越である。この血の渇望という残虐性は、個人のなかに見られる。それはファンタジーや夢に、あるいは深刻な精神病や殺人に現れることもある。それは通常の社会的統制ができなくなる戦争中（国家間の戦いでも内戦でも）に、少数の人々の間に見られる。また殺すこと（あるいは殺されること）が生を支配する両極である原初的社会にも見られる。たとえば、アステカ族の人身御供や、モンテネグロやコルシカのような場所で行なわれていた血族による復讐[8]、旧約聖書での主へのいけにえとしての血の役割のように。この殺しの喜びを何よりも明快に説明しているのが、ギュスターヴ・フローベールの短編『聖ジュリアン伝』[9]である。フローベールはそのなかで、誕生したときに、いずれ征服者に、そして偉大なる聖人になると予言された男について書いている。その男はごくふつうの子どもとして成長するが、ある日、殺すことに興奮を感じることに気づく。教会の礼拝中、小さなネズミが壁の穴からちょろちょろ出てくるのが何度か見えた。彼はそれに腹を立て、退治してやろうと考えた。「それで、扉を閉めて祭壇の階段にお菓子のくずをまき、彼は棒を片手に穴の前に陣取った。長い時間がすぎてようやく、小さなピンク色の鼻が見え、ネズミが出てきた。彼は小さな一撃を加えると、ネズミが動かなくなったのを見て驚いて立ちつくした。一滴の血が床石にこびりついていた。彼はそれを袖ですばやくふき取り、ネズミを外に投げ捨てて、誰にも何も言わなかった」。のちに鳥を絞め殺したとき「鳥がもだえるのを見て心臓が高鳴り、残忍で荒々しい喜びに満たされた」。血を流すことに異常な興奮をおぼえた彼は、動物を殺すことに取りつかれた。殺そうとする彼の手を逃れられるほど強い、あるいはすばしこい動物はいなかった。流血はすべての生を超越する一つの方法として、最大の自己確認となった。何年ものあいだ、彼が熱中し興奮できるのは、動物を殺すことだけだった。彼が夜に帰ってくるときは「血と泥にまみれて、野獣のにおいを放っていた。彼は野獣のようになった」。彼は動物に変容するという目的をもう少しで果たせそうだったが、人間である限りそれは不可能だ。いずれ彼は父と母を殺すだろうと声が告げた。恐怖を感じた彼は城から逃げ出し、動物を殺すのをやめ、人も恐れる有名な軍隊の指揮官となった。華々しい勝利の一つの褒美として、たいへん美しく愛すべき女性をめとった。彼は軍人をやめて妻とともにとても幸せな生活をおくっていた――しかし彼は退屈し打ち沈んだ。ある日、彼は狩猟をふたたび始めたが、おかしな力のせいで撃ってもまったく殺せなくなった。「するとこれまで撃ち殺してきた動物がすべて現れ、彼をぐるりと取り囲んだ。しゃがんでいるものもいれば、まっすぐ立っているものもいた。ジュリアンはその真ん中で、恐怖にすくんで、まったく動けなかった」。彼は妻がいる館に戻ることにした。彼が留守にしている間に両親が到着していて、妻が自分のベッドを夫妻に使わせていた。彼はそれを妻と愛人だと思い込み、二人とも殺してしまった。彼が退行のどん底まで到達したとき、大きな転機がやってきた。彼は聖人となり、人生を貧者や病人に捧げ、ついにはハンセン病患者を抱きしめてあたためてやった。「ジュリアンは天空へと昇っていき、イエスが彼と向かい合い、天国へと導いていった」

フローベールはこの物語で、血の渇望の本質を描いている。それはもっとも原初的なかたちの生への陶酔だ。人はこのもっとも原初的なレベルの生との関わりの段階に達したあと、もっとも高い発達段階に立ち戻ることができる。つまり自らの人間性で生を確認できるようになるのだ。前にも述べたように、この殺しへの渇望は死への愛とは異なるということを理解する必要がある。これについては第三章で説明する。血は生の本質として経験される。他人の血を流すことは、母なる大地に必要なものを与えて豊かにすることなのである（流血が秩序を保つための条件であるアステカ族の信仰や、カインとアベルの物語と比較してほしい）。自分自身の血が流れても、それは大地を豊かにして、その人は大地と一つになるのだ。

このレベルに退行すると、血は精液と同義であるように思える。大地は母親である女性と同義である。精子―卵子は、男―女という極性を表現している。この極性が重要になるのは、人間が大地から完全に姿を見せるようになり、女が男の欲望と愛の対象となるときだけである。[10] 血を流す結果は死であり、精液を流す結果は誕生だ。しかし前者の目的は後者と同じように生の確認であり、それは動物的な存在のレベルとほとんど変わらない。殺す者は、一人前の人間として生まれ、大地とのつながりを断てば、そしてナルシシズムを克服すれば、愛する者になれる。しかしそれができなければ、ナルシシズムと原初的な固着の罠にはまり、生きることと死ぬことがあまりに近づきすぎて、血に飢えた残虐な人間と、死を愛する者との区別が難しくなることは否定できない。

第三章　死を愛すること　生を愛すること

前章では、まだ害が少なく、直接的あるいは間接的に生の目的に役立つ（ように見える）かたちの暴力と攻撃性について論じた。この章以降は、生に逆行し、深刻な精神疾患の核心をなし、本物の悪の真髄ともいえる性質を取り上げる。ここで扱うのは三つの異なる種類の性向、すなわちネクロフィリア（バイオフィリア）、ナルシシズム、母親への共生的固着である。

これら三つすべてには良性の形態もあり、それはあまり重大ではなく、病的とはまったく考えられないということを示すつもりだ。しかしここで大きく取り上げるのは、これら三つの性向の悪性の形態である。それらはもっとも危機をはらむかたちで収束し、やがて〝衰退のシンドローム〟を形成する。このシンドロームは悪の真髄を示している。それと同時に、もっとも重篤な病理であり、もっとも不道徳な破壊性と非人道性の根源でもある。
私が知るなかでネクロフィリアという問題の核心を何よりよく示しているのは、スペインの哲学者ウナムーノによる短い怒りの意見表明である。それはスペイン内戦が始まったころウナムーノが学長をしていたサラマンカ大学で、ミラン・アストレイ将軍が演説していたときのことだ。将軍が特に好んでいたモットーは「死よ、万歳！」で、彼の支持者の一人が講堂のうしろからそう叫んだ。将軍が演説を終えるとウナムーノは立ち上がってこう言った。

「たったいま「死よ、万歳！」という、死を愛するネクロフィリア的で無分別な叫びを聞きました。そして私は、他人のわけのわからない怒りをかきたてる奇説をつくりあげることに人生を費やしてきたわけですが、その道に熟達した権威としてここで申し上げねばならないのは、いまのあまりにも異様な奇説には虫唾が走るということです。ミラン・アストレイ将軍は不全な人間です。声を大にして言わせてください。彼は傷痍軍人です。セルバンテスもそうでした。残念ながらいまスペインには不全な人間があまりにも多くいます。そしてもし神の救いの手が差し伸べられなければ、その数はもっと増えるでしょう。ミラン・アストレイ将軍が群集心理の思考様式を押しつけることを考えると胸が痛みます。セルバンテスのような精神的偉大さを持たない不全な人間は、周囲の人々を傷つけることに不吉な救済を見いだそうとします」。これにはミラン・アストレイも自分を抑えることができず、「知性など打倒しろ！」と叫んだ。「死よ、万歳！」。ファランへ党員たちの間から、この言葉に賛同する声があがった。しかしウナムーノは続けた。「ここは知性の聖堂です。そして私はそこの高僧です。この聖域を冒瀆しているのはあなたがたです。あなたがたは勝利することはできるでしょう。必要以上の野蛮な力をお持ちなのだから。しかし相手を完全に納得させることはできないでしょう。納得させるには説いて聞かせる必要があります。そのために必要なものは、あなたに欠けているもの、闘いにおける理性と正義です。あなたにスペインのことを考えるよう強くお勧めしてもむだだと思えます。ここまでにいたしましょう[11]」

ウナムーノは「死よ、万歳！」の叫びのネクロフィリア的な性質を指摘することで、悪の問題の核心に触れた。人と人の間には心理的にも道徳的にも根本的な違いはない。それは、死を愛する者と生を愛する者、つまりネクロフィリア的な者とバイオフィリア的な者との間に違いはないのと同じことである。これはなにも、人間は完全にネクロフィリアか完全にバイオフィリアであるという意味ではない。死に傾倒している人もいるが、それは異常である。また生にすべてを捧げる人もいて、それは人間がなしうる最高の目標を達成したと思われるために心打たれるのだ。ほとんどの人にはバイオフィリア的な傾向と、ネクロフィリア的な傾向が共存しているが、どちらがどれくらい強いかはそれぞれ違っている。ここで重要なのは――生物の現象では常にそうなのだが――、どちらの傾向が強いかによってその人の行動が決まるということであって、どちらか一方の性向が全然ないとかあるとかいうことではないのだ。

ネクロフィリアはもともと〝死者を愛する〟という意味である（バイオフィリアとは〝生を愛すること〟）[12]。通常、この用語は性的倒錯、具体的には（女性の）死体を性交のために所有したい、あるいは死体のそばにいたいという病的な願望を意味する。しかし多くの場合、性的倒錯は、多くの人に性的意味合いを持たないかたちで見られる性向が、より明白であからさまなかたちで表れたにすぎない。ウナムーノが将軍の演説に対してネクロフィリア的という語を使ったのは、その事実をはっきり見て取ったからである。彼は将軍がある性的倒錯への強い願望を持っていると言おうとしたわけではなく、将軍は生を憎悪し、死を愛していると指摘したのだ。

奇妙なことだが、一般的な傾向としてのネクロフィリアが精神分析の文献でとりあげられることはない。しかしこれはフロイトの死の本能だけでなく肛門加虐期的性格とも関連がある。これらのつながりについては後述するとして、ここではネクロフィリア的な人間についての説明を続けよう。

ネクロフィリア的な傾向を持つ人は、生きていないもの、死んでいるものすべてに惹かれ心奪われる。そこには死体、腐敗物、排泄物、汚物なども含まれる。ネクロフィリア的な人間は、病気、埋葬、死について話すのを好む。彼らが生き生きとするのは、死について話しているときだ。純粋なネクロフィリアの典型例がヒトラーである。彼は破壊に魅了されていて、彼にとっては死の匂いがかぐわしいものだった。全盛期には、自分の敵とみなしたものだけを破壊しようとしているように見えたが、神々の黄昏と呼ばれた末期になると、彼にとっての最大の満足は、全面的、絶対的な破壊――ドイツ民族、彼の周囲の人々、そして彼自身――を目撃することにあったことがわかる。第一次世界大戦時のある報告には、こんな話があった。証拠はないが、いかにもありそうに思える。ヒトラーが恍惚とした表情で腐乱した死体を見つめ、そこから動こうとしなかったのを、ある兵士が見ていたというのだ。

ネクロフィリア的な人間は、未来ではなく過去に住んでいる。彼らの感情は基本的には感傷であり、つまり昨日持っていた――持っていたと思っている――感情の記憶を抱き続けている。彼らは冷淡でよそよそしく、〝法と秩序〟を信奉している。その価値観は、私たちがふつうの生活と結びつける価値観と正反対のものだ。彼らは生ではなく死に興奮し満たされるのである。

　ネクロフィリア的な人間の特徴は、力に対する態度にある。力とはシモーヌ・ヴェイユの定義によれば、人を死体に変容させる能力である。性が生命を生み出すことができるのと同じように、力は生を破壊できる。突き詰めれば、すべての力の根底には殺す能力がある。私がある人を殺さず、自由を奪うだけにとどめる。ただ彼を辱め、その所有物を奪う――しかし何をしようと、こうした行動の背後には、私の殺す能力と殺すことをいとわない気持ちがある。死を愛する者は必然的に力を愛する。そのような人にとって、人間の最大の偉業は生を生み出すことではなく、それを破壊することである。力を使うことは、そのときの環境によって強いられた一時的な行動ではない。それが一つの生きざまなのだ。

　これがネクロフィリア的な人が力に魅了される理由である。生を愛する人にとって、人間のもっとも根本的な極性は男女の間のものだが、ネクロフィリア的な人間には、別のまったく違う極性が存在する。それは殺す能力を持つ者と持たない者だ。その人にとっては二つの〝性別〟しか存在しない。強い力を持つ者と持たない者。殺す者と殺される者。ネクロフィリア的な人間は殺す者を愛し、殺される者を見下す。この「殺す者を愛する」という表現を、文字通りの意味で理解するべきケースは珍しくない。殺す者はネクロフィリア的な人間にとって性的欲望や幻想の対象なのだ。ただ先に述べたような倒錯や、ネクロフィリア的な人間の夢によく現れるという、ネクロファギア（死体を食べたいという欲望）ほど強烈ではないということである。私はネクロフィリア的な人々が夢のなかで老いた男女と性的交渉を持つという例を数多く知っている。相手に肉体的な魅力をまったく感じないのに、その力や破壊性におののき感嘆するのだ。

ヒトラーやスターリンの支配力の源は、まさに無限の殺しの能力とためらいのなさにある。そのため彼らはネクロフィリア的な人々に愛されるのだ。それ以外の多くの人は、彼らを恐れつつ、その恐怖心に気づこうとせずに賞賛することを選ぶ。この種の指導者にネクロフィリア的な性質を感じ取らず、そこに創始者、救世主、よき父親を見た人も多かった。ネクロフィリア的な指導者が創始者や保護者を装うことをしなかったなら、彼らに惹かれる人は少なく、彼らが権力を握る助けにはならなかっただろうし、彼らが排斥した人々によって、すぐに失脚させられていただろう。

生の特徴は、構造的、機能的な意味での成長にあるが、ネクロフィリア的な人間が愛するのは、成長しないもの、機械的なものすべてである。ネクロフィリア的な人間をかりたてるのは、有機物を無機物に変容させ、機械的に生へと接近し、すべての人間をモノであるかのように扱いたいという欲望である。すべての生命プロセス、感情、思考が、モノへと変容させられる。体験よりも記憶が、存在よりも所有が重要なのだ。ネクロフィリア的な人間が――花であれ人であれ――対象に関われるのは、それらを所有しているときだけである。そのため所有物への脅威は、自分自身への脅威となる。所有物を失えば、世界とのつながりも断たれてしまう。命を失えばそれを所有する自分も存在しなくなるのに、所有物を失うよりは命を失うことを選ぶという矛盾した反応が見られるのはそのためである。彼は支配することを愛し、支配という行為のなかで生を抹殺する。彼が生に深い恐れを抱くのは、それが本質的に無秩序で支配できないものだからだ。ソロモンの裁判で、自分こそ子どもの本当の母親であるという嘘の主張をした女（『列王記』）がその典型である。その女は生きている子どもよりも、きっちり半分にされた子どもを選ぼうとする。ネクロフィリア的な人間にとって、公正とは適正に分割することであり、自分たちが公正と呼ぶもののためなら殺すことも死ぬこともいとわない。彼らにとって「法と秩序」は偶像崇拝の対象である。法と秩序を脅かすものはすべて、彼らの最高の価値への悪魔的な攻撃と感じられるのだ。

ネクロフィリア的な人間は闇と夜に惹きつけられる。神話や詩では、洞穴や深い海の底に魅惑される。また盲人として描かれたりする（イプセンの『ペール・ギュント』に出てくるトロールがその好例だ。それは盲目で、洞穴に住み、唯一の価値は〝自家醸造〟あるいは自家製というナルシシスティックなものである）。生から離れているもの、生とは反対に向かうものすべてに惹きつけられる。彼は子宮という闇、そして無機的、動物的な存在だった過去に戻りたいという気持ちを持つ。彼は基本的に過去を向いていて、憎み恐れる未来を向こうとしない。これに関連しているのが、確実性を求めてやまないことである。しかし人生に確実なことはないし、予測不可能で、支配することもできない。生を支配可能にするには、それを死に変えなければならない。死こそが、生におけるただ一つ確実なことなのだ。[13]

ネクロフィリア的な傾向がいちばんよく表れるのは、通常、夢のなかである。そこには殺人、流血、死体、頭蓋骨、糞便があり、人間が機械になったり、機械のようにふるまったりする。ネクロフィリア的な性格でなくても、この種の夢をみる人は多い。ネクロフィリア的な人の場合は、そういう夢を何度も、繰り返して見ることがある。

きわめてネクロフィリア的な人は、外見やしぐさでそれがわかるときもある。冷淡で、肌に生気がなく、悪臭をかいだような表情を顔に浮かべている（そのような表情はヒトラーの顔にはっきり表れていた)。このタイプの人は規律を守り、強迫的で、細かいことにうるさい。こうしたネクロフィリアの側面を世界に見せたのがアイヒマンという人物だ。アイヒマンは官僚的な秩序と死に魅せられていた。彼にとって最高の価値は、服従と組織が完全に機能することだった。彼は石炭を運搬するかのように、ユダヤ人を運搬した。彼らが人間だという事実は、彼の目には見えなかった。そのため彼が犠牲者たちを憎んでいるのかどうかすら問題ではなかった。

しかしネクロフィリア的な性質は、審問者やヒトラー、アイヒマンだけに見られるわけではない。他人を殺す力と機会は持たなくても、他の一見害のないかたちで、それがあらわれる人はいくらでもいる。その一つの例は、子どもの病気や失敗、暗い将来を常に気にしている母親である。そのような母親は、好ましい変化には心を動かさず、子どもの喜びに応えない。子どもの内に新たに育っているものに気づかない。その夢には病気、死、死体、血が出てくることがあるかもしれない。彼女は子どもを目に見えるかたちで傷つけることはないが、子どもの生の喜びや成長への信頼をゆっくりと抑圧し、やがて母親自身のネクロフィリア的な性質が子どもへと感染することもある。

ネクロフィリア的な傾向は逆の傾向と何度も衝突し、そこに独特の均衡が生じる。

このタイプのネクロフィリア的な性質を持つ人物として知られているのが、C・G・ユングである。彼の死後に出版された自伝[14]に、その証拠となることが多く書かれている。彼の夢には死体、血、殺人がしょっちゅう現れた。現実の生活で彼のネクロフィリア的な性向が現れた典型的な例として、次のような話がある。ボリンゲンに家を建てているときに死体が発見された。それは百五十年前にナポレオンがスイスに侵攻したときに溺れ死んだフランス人兵士のものだった。ユングはその死体を撮影し、写真を壁に掛けた。そして死体を埋葬し、軍隊の儀礼に従って墓の上で三発の弔砲を撃った。一見するとこの行為はやや奇妙なだけで、他に特別な意味はないように思える。しかしこれは意図的で重要な行動よりも、根底にあるその人の性向を明確に示す、数多くの〝取るに足らない〟行動の一つである。フロイト自身も何年も前から、ユングの死の志向に気づいていた。彼とユングがアメリカ合衆国に向けて旅していたとき、ユングはハンブルク近くの湿地で発見された、保存状態のよい死体について雄弁に語った。フロイトはその種の話は嫌いで、そんなに死体の話をするのは、無意識のうちに自分（フロイト）の死のことばかり考えているからだろうと告げた。ユングは憤慨して否定したが、数年後、フロイトと決別した時期にこんな夢をみた。彼は（ある黒人とともに）ジークフリートを殺さなければならないと感じた。彼はライフルを持って外に出て、ジークフリートが山の頂上に現れたところを殺した。彼は恐怖を感じ、自分の犯罪が見つかるかもしれないとおののきおびえた。しかし幸いなことに豪雨が犯罪の痕跡をすべて洗い流してくれた。目を覚ましたユングは、この夢の意味が理解できなければ自殺するしかないと考えた。しばらくして彼は次のような〝理解〟に達した。ジークフリートを殺すということは、内なる英雄を殺すことで自分の謙虚さを表現することである、と。ジークムントからジークフリートへとわずかに変えるだけで、夢解釈に長けたユング自身にさえわからないよう、この夢の真の意味を隠すことが可能になったのだ。そのような強烈な抑圧がなぜ可能だったのかといえば、夢はその人のネクロフィリア的な性向の現れであり、この性向自体が強く抑圧されていて、ユングがこの夢の意味に気づく余裕がなかったからということになる。ユングが過去に執着し、現在や未来にほとんど興味を持たなかったこと、石が大好きだったこと、子どものころ、神が大きな大きな糞を教会に落として破壊しようとしていると妄想していたことを思うと筋が通る。彼のヒトラーへの共感や人種理論もまた、死を愛する人々への親近感の現れなのだ。

しかしユングはたいへん創造的な人物であり、創造はネクロフィリアとは正反対のものである。彼はその破壊的な力を、自らの願望と治癒能力とで相殺し、また過去、死、破壊への興味を優れた思索の主題にすることで、内なる対立を解消したのだ。

ネクロフィリア的な性向についてこのように説明すると、ここであげられている性質すべてが、ネクロフィリア的な人物に必ず見られるという印象を与えてしまうかもしれない。殺しの願望、力の崇拝、死や汚物やサディズムへの興味、〝秩序〟によって有機物を無機物に変えようとする願望といった異様な特徴がすべて、基本的な性向の一部であることはたしかだ。しかしその表れ方には人によって大きな差異がある。さらにバイオフィリア的な側面と比べて、ネクロフィリア的な性向がどれほど強いか、そして本人がその性向にどのくらい気づき、どのくらい正当化しているかも人によってかなり違っている。それでもネクロフィリア的なタイプの概念は、ばらばらで異質な行動傾向を抽象化したり要約したものではない。ネクロフィリアは人間の基本的な性向なのだ。生とは正反対だが、生への答えの一つである。それは人間が持ちうる生への志向のなかで、もっとも病的かつ危険なものだ。それは真の倒錯である。生きているが、生ではなく死を、成長ではなく破壊を愛する。ネクロフィリア的な人が、あえて自分の感じていることを意識すれば、「死よ、万歳！」と言って、人生のモットーを表現するだろう。

ネクロフィリアの反対はバイオフィリアである。その本質は死を愛することに対して、生を愛することだ。ネクロフィリアと同じように、バイオフィリアも一つの性質からなるのではなく、総合的な性向、生き方全体を意味している。それは人の身体機能、感情、思考、しぐさに現れる。つまり一人の人間全体として現れるのだ。この性向のもっとも基本的なかたちは、すべての生物の生きようとする性質に見られる。この〝死の本能〟に関するフロイトの仮説とは逆に、私は多くの生物学者や哲学者が唱える仮説、すなわちそれは、生きてその存在を維持するために、すべての生物が生来的に持っている性質であるという説に同意する。スピノザはそれをこう表現している。「あらゆるものがそれ自身である限り、自らの存在を維持するために努力する」（『エチカ』第三部、定理六）。彼はこの努力こそ本質だと述べた（同、定理七）。

この生きて存在を維持しようとする性質は、私たちのまわりのすべての生き物に見ることができる。岩の間から光を求めて生えてくる草に、死を避けるため最後まで闘う動物たちに、命を長らえるためにどんなことでもしようとする人間に。

生命を守り死と闘う性質は、バイオフィリア的な性向のもっとも基本的な形態であり、すべての生き物に共通している。生命を維持し、死と闘うことは、生へ向かう原動力の一面にすぎない。もう一つ、もっとポジティブな面がある。生きているものは、まとまって一つになろうとする性質がある。異質で反対の存在と融合して、組織的に成長しようとするのである。統合して一つになって成長するのは、すべての生命プロセスの特徴であり、それは細胞レベルだけでなく、感情や思考にも当てはまる。

この性質のもっとも基礎的な現象は、無性の細胞融合から動物や人間の性的結合まで、細胞間、そして有機体の間の融合である。後者の性的結合の根底にあるのは、雄と雌という両極が惹かれ合うことである。雄―雌という両極性が、融合しようとする欲求の核であり、人類という種の生命もその上に成り立っている。まさにその理由から、自然は人間に、二つの極が融合するときにもっとも強烈な快楽を与えているように思える。生物学的には、この融合の結果として新しい存在が生まれるのが一般的である。生のサイクルは、結合、誕生、成長であり、同じように死のサイクルは、成長の停止、崩壊、腐蝕である。

しかし性本能は、生物学的には生に役立つものだが、心理学的には必ずしもバイオフィリアの表出ではない。激しい感情はどれも、生きる本能に惹きつけられ混ざり合っているように思える。虚栄、富を得たい、冒険をしたいという欲望、そして死への憧れさえも、言ってみれば、性本能に仕事を任せているのだ。そうでなければならない理由は、推測の域を出ない。性本能がこれほど柔軟で、あらゆる激しい欲望（たとえそれが生に相反するものでも）によって刺激されるようになったのは、自然の采配の妙というものではないかと考えたくなる。しかし理由はどうあれ、性的欲望と破壊性が混ざり合っていることは、ほぼ疑いようがない（フロイトはそのことを指摘した。特に死の本能が生と混ざるという議論で、サディズムとマゾヒズムに見受けられると述べた）。サディズム、マゾヒズム、ネクロファギア、コプロファギア（食糞）が倒錯と呼ばれるのは、通例の標準的な性行動から逸脱しているからではなく、一つの根本的な倒錯、つまり生と死の混合を示しているからにほかならない[15]。

バイオフィリアの全容がよく表れるのは、その生産的な性向においてである[16]。生を全身全霊で愛する人は、あらゆる領域での生のプロセスと成長に惹きつけられる。現状を維持するより新しいものを組み立てることを好む。驚異を感じる力があり、古いものの確証を得て安心するよりも、何か新しいものを発見することを好む。確実なものより人生の冒険を愛する。生への接し方は機械的というより機能的である。部分だけではなく全体を、概要ではなく構造を見る。彼は愛、理性、自らの範によって、かたちをつくり影響を与えることを望む。力を使用したり、物事を分断したり、官僚的なやり方で人をモノのように支配することによってではない。単純な興奮ではなく、生とその発露のすべてを愛する。

バ・イ・オ・フ・ィ・リ・ア・の倫理は、独自の善悪の原理を持つ。善は生に寄与するすべてのものであり、悪は死に寄与するすべてのものだ。善とは、生を尊ぶことであり[17]、生や成長、拡大を高めるものすべてである。悪とは、生を抑圧し、その幅を狭め、ずたずたに切り裂くものすべてである。喜びは美徳であり、悲しみは罪である。つまり聖書がヘブライ人の大罪としてあげていることは、バイオフィリアの倫理観による見方である。「すべてが豊かでありながら、あなたは心からの喜びと幸せにあふれて、神に仕えない」(「申命記」二八章四七)。バイオフィリア的な人の道義とは、無理に悪を慎み、善をなすことではない。フロイトが厳格な職場監督と表現した、美徳のためなら自分に対してサディスティックになる超自我ではない。バイオフィリア的な良心を刺激するのは、その生と喜びへの引力なのである。その道徳的な努力は、自己のなかの生を愛する側面を強化することにある。この理由から、バイオフィリア的な人間は悔恨と罪悪にとどまることはない。それらは結局のところ、自己嫌悪と悲しみの側面にすぎない。その人はすぐ生に目を向け、善をなそうとする。スピノザの『エチカ』はバイオフィリア的な道徳心の顕著な例である。「喜びはそれ自体が悪ではなく善である。逆に悲しみはそれ自体が悪である」(第四部、定理四一)。そして同じ意味で「自由な人間は死について考えることが少ない。そして彼の叡智は、死ではなく生についてじっくり考えることだ」(同、定理六七)。生への愛はさまざまなかたちの人間哲学の根底にある。概念的な形態はいろいろ違っているが、それらの哲学はスピノザの考えと同じである。その原理は、健全な人間は生を愛し、悲しみは罪で喜びは美徳であり、人生の目的は生きているすべてのものに魅了され、死せるもの、機械的なものすべてから自分を切り離すことであると明らかにしている。

私は純粋なかたちのネクロフィリア的、そしてバイオフィリア的な性向とはどういうものか説明してきた。言うまでもないことだが、こうした純粋なかたちはめったに存在しない。純粋なネクロフィリアは狂気であり、純粋なバイオフィリアは聖人である。ほとんどの人はネクロフィリアとバイオフィリアが混ざり合っているが、重要なのはどちらの性質が優勢かということである。ネクロフィリア的な性向が優勢な人は、バイオフィリア的な面をゆっくりと殺していくだろう。彼らはたいてい、死を愛する自分の性向に気づいていない。彼らは心を硬化させていく。死への愛が、経験することに対する論理的で合理的な反応であるかのように行動する。一方で、生への愛が優勢な人は、自分たちが「死の影の谷」にいかに近いところにいるかを知ってショックを受け、そのショックによって生を実感するようになるだろう。そのため、ある人のネクロフィリア的な性向がどのくらい強いかだけでなく、そのことをどの程度自覚しているかを理解することが、とても重要になる。もし彼が生の世界に住んでいると信じているのに、実は死の世界にいたとすると、引き返す機会がないために生を奪われてしまうのだ。

ネクロフィリア的な性向とバイオフィリア的な性向について説明すると、これらの概念がフロイトの生の本能（エロス）と死の本能とどう関連するのかという疑問が生じてくる。類似性はすぐにわかるだろう。フロイトがこれら二つの対立する衝動が同時に存在すると遠慮がちに主張したとき、特に第一次世界大戦の影響下にあった彼は破壊的な衝動の力に強烈な印象を受けていた。彼は、性本能は自我本能と対立する（どちらも生存、ひいては生の目的に役立つ）という以前の理論を修正し、生のための努力も死のための努力も、どちらも生命という存在にもともと備わっているという仮説を立てた。『快感原則の彼岸』（一九二〇年）で、フロイトは反復強迫と呼ばれる系統発生学的な古い原理があるという見解を示した。この原理は、以前の状態を取り戻し、最終的には有機的な生命を無機的な存在へと戻すように作用する。「考えられないほど昔に、想像を超える方法で無機物から生命が生じたというのが本当だとして、私たちの仮説に従うと、そのときある本能が発生していたはずだ。その目的はもう一度、生を破壊して無機的な状態に戻すことにある。この本能のなかに、私たちの仮説にある自己破壊的な衝動を認めるならば、その衝動はどんな生命プロセスにも存在する死、の本能の表れとみなすことができる[18]」
死の本能は実際に、外の他人に向けられることもあれば、内なる自己に向けられることもある。またサディズムやマゾヒズムなどの倒錯のように、性本能と混ざり合っていることもある。死の本能の反対は生の本能である。死の本能（精神分析の文献ではタナトスと呼ばれることがあるが、フロイト自身はその言葉を使っていない）は、生物やその細胞を引き離したり分解したりする働きを持つ一方、エロスはそれらを結びつけたりまとめたりする働きを持っている。そのためそれぞれの生は、これら二つの基本的な本能の闘いの場となる。その二つとは、「有機物を組み合わせてより大きな統合体をつくろうとするエロスの努力」と、エロスが成し遂げようとするものを元に戻そうとする死の本能の努力である。

この新しい理論を提唱したものの、フロイト自身は、ためらいがちで自信はなさそうだった。それも驚くにはあたらない。それは未証明の推測にすぎない反復強迫の仮説に基づくものだったからである。事実、彼の二重機能説に賛同する議論はどれも、それとは相いれない多くのデータに基づいた反対意見に対して、うまく答えられていないように思える。ほとんどの生物はきわめて粘り強く、生きるために闘っているように見えるし、自分自身を破壊しようとするのは例外的なケースだけである。さらに破壊性は個体によって大きく異なる。しかも死の本能が現れるのが外向きか内向きかという違いだけではない。他人を破壊することに激しい情熱を燃やす人はいるが、大多数の人はそれほどの破壊性を見せることはない。しかし他人に対する破壊性は低いのに、自己破壊、マゾヒズム、病気といった現象は、まるで反比例するかのように高い頻度で起こっている。[19] フロイト理論へのこれらの反論を考えると、O・フェニケルのようなその他のことでは正統派の分析家の多くが、死の本能についての彼の理論を受け入れるのを拒み、受け入れるにしても限定的で、多くの条件をつけたりしたのも驚くことではない。

私はフロイト理論を次のように展開させることを提案する。エロスと破壊、生への親しみと死への親しみとの間の矛盾は、人類に存在するもっとも根本的な矛盾である。しかしこの二重性は、生物学的にもともと備わっている二つの本能（あまり変化することなく常に戦っていて、死の本能が最終的な勝利を収める）に関するものではなく、生きようとする（生への執着[20]）原初的でもっとも根本的な性質と、人がその目的を果たせないときに生じる矛盾との間のものである。この見解では〝死の本能〟は悪い現象であり、成長して、エロスが広がらないところでそれに取って代わる。死の本能は精神病理学を代表し、フロイトの見解のように、通常の生物学の一部ではない。生の本能は人間の一次的潜在力をなし、死の本能は二次的潜在力をなす[21]。一次的潜在力は、生きるのに適正な環境があれば発達する。種子が適切な湿度、温度などを与えられて初めて発芽するのと同じことだ。適切な条件がなければ、ネクロフィリア的な性質が現れて、その人を支配するようになる。

ネクロフィリアを生じさせる条件とは何なのだろう？　フロイト理論によれば、生と死の本能の強さは（それぞれ）一定であり、死の本能については外向きか内向きかの二者択一ということになるはずだ。そのため環境的要因で説明できるのは死の本能の強さではなく、方向性のみということになる。一方、ここで提示された仮説に従うなら、次のような疑問が生まれる。一般的にネクロフィリア的、バイオフィリア的な性質を生むのは、どのような要因なのか。より問題点を明確にすれば、個人や集団の死を愛する性向の強弱はどのような要因で決まるのだろうか。

この重要な問いに対して、私ははっきりとした答えを持っていない。この問題をさらに追究することが何よりも重要だというのが私の意見である。それでも精神分析における私自身の臨床経験と集団行動の観察と分析をもとに、こうではないかと思われる答えを思い切って述べてみよう。

子どもの生への愛を育てるために何より重要な条件は、生を愛する人と一緒にいることである。生への愛は、死への愛と同じように伝染しやすい。それは言葉や説明なしに、そしてもちろん生を愛さなければならないと説教をしなくても伝わる。思想よりもしぐさに、言葉よりも声の調子に表れる。生活の基本となるはっきりした原則や規則よりも、個人や集団の全体的な雰囲気に認められる。バイオフィリアを育てるのに特に必要な条件のなかから、私は次のものを取り上げよう。幼児期に他人とあたたかく愛情深いふれあいを持つこと。自由であること、脅威がないこと。内なる調和と強さを助ける原則を──説教ではなく模範によって──教えること。〝よりよく生きるための技術〟を指導すること。他人からのよい影響とそれに対する反応。本当に張り合いのある生き方をすること。この逆の条件下では、ネクロフィリアの発達が助長される。死を愛する人々に囲まれて育つ。刺激の欠如。恐怖。人生を習慣化し、退屈なものにする環境。人間どうしの直接的かつ人間的な関係には規定されない機械的な秩序。

バイオフィリアを発達させる社会的条件に関しては、個人の発達についてここで述べた傾向を助長する条件と同じなのは明らかであろう。しかしさらに深く社会的条件について推測することができる。ただし次に述べることは、そのような推測の帰結ではなく手始めに過ぎない。

ここであげるべきもっとも明白な要因は、経済的、心理的、両方の意味における充溢と欠乏という状況要因だろう。人間のエネルギーのほとんどが、攻撃に対する防御、飢餓の回避に費やされる限り、生への愛は麻痺してネクロフィリアが育まれる。バイオフィリアの発達に重要なもう一つの社会的条件は、不公正がなくなることである。とはいっても私はここで、誰もがまったく同じものを持っていないと不公正だとする、せちがらい考え方に触れているのではない。一つの社会階級が別の階級を搾取し、豊かで品位ある生活をおくることを許さない社会的状況を言っているのだ。言い換えると、一つの社会階級が他の階級と同じように、基本的な生活を経験できないような状況である。突き詰めれば、私にとっての不公正とは、人が、自分自身が目的になるのではなく、他人の目的のための手段になるような社会的状況をいう。

最後に、バイオフィリアの発達を促す重要な条件は、自由である。しかし政治的束縛「からの自由」だけでは条件としては不十分である。生への愛が発達するものであるならば、何かを「するための」自由が必要となる。創造し建設するための自由。驚嘆し、思い切ったことをするための自由。そのような自由を得るには、個人が積極的に責任を持つこと、奴隷や機械の歯車にならないことが必要である。

まとめると、生への愛が特に発達する条件は次のようになる。品位ある生活をおくるための基本的な物質的条件が脅かされないという意味での安全、誰もが他人の目的のための手段になってはならないという意味での公正、各人が社会の活動的で責任のある一員となる可能性を持つという意味での自由。最後の自由は特に重要だ。安全と公正のある社会でも、個人の創造的で自主的な活動が思うようにできなければ、生への愛が育たない可能性はある。人が奴隷でないというだけでは十分ではない。社会的条件によって自動人形《オートマトン》が増えるばかりなら、その結果は生への愛ではなく死への愛になってしまう。この最後の点については、核時代のネクロフィリアについて論じるときに、特に社会における官僚組織の問題と関連づけて詳しく説明する。

私はここまで、バイオフィリアとネクロフィリアは、フロイトの生の本能と死の本能と関連性はあるものの、異なった概念であることを示そうとしてきた。これらは初期フロイトのリビドー理論の一部であるもう一つの重要概念、〝肛門リビドー〟と〝肛門性格〟とも関連している。フロイトは彼のもっとも基本的な発見の一つを、一九〇九年に「性格と肛門性愛」という論文で発表した[22]。彼はこう書いている。

> これから説明する人々に顕著なのは、次の三つの性質が必ず組み合わされているということだ。その三つとは几帳面、倹約、強情である。それぞれの言葉は、ささ

やかな一群ないしは一連の、互いに近い関係にある性格特性を内包している。〝几帳面〟には、体の清潔さや、小さな義務を果たすこと、信頼に足ることなどが含まれる。この反対は、〝乱雑〟〝怠惰〟といったことになるだろう。倹約は強欲の誇張されたかたちに見られることがある。そして強情は反抗心を生む可能性があり、激しい怒りと復讐心が容易にむすびつく。倹約と強情の相互のつながりは、それぞれ几帳面とのつながりよりも強く密接である。それらはこの複合体全体に、より恒常的に存在する要素である。それでも私には、これら三つは、ある意味で一つのまとまりをなしているように思える（*ibid.*, p. 169）。

フロイトは続けて「これらの性格特性、つまり几帳面、倹約、強情は、以前、肛門性愛を持った者に顕著なことが多く、肛門性愛の昇華にもっともよく現れる結果とみなされている」と述べている（*ibid.*, p. 171）。フロイトとその後の精神分析家は、糞便ではなく、金銭、汚物、財産、そして不要物の所有に関わる、倹約の他の形態があることを示した。また肛門性格にはサディズムや破壊性といった特徴がみられることが多いと指摘しており、精神分析学の研究により、豊富な臨床例をもってその発見が有効であることが実証された。しかし〝肛門性格〟、あるいは私が〝貯蔵的性格〟と呼ぶ現象の理論的説明についての意見には相違がある。[23] フロイトのリビドー理論においては、肛門リビドーとその昇華に必要なエネルギーは性感帯（この場合は肛門）に関連していて、体質的因子がトイレ・トレーニングのプロセスにおける個人の体験と合わさるために、平均的な人の場合よりも肛門リビドーが強い状態で維持されるとしている。私がフロイトと意見を異にするのは、肛門リビドーという性的リビドーの一部である衝動が、肛門性格を発達させる原動力の基礎であるとするだけの十分な証拠がないためである。

私自身、肛門性格の研究を行なううちに、ここで対象になる人は、排泄物に深い興味と親近感をもっており、それは生きていないすべてのものに対する一般的な親近感の一部であると考えるようになった。排泄物は体から最終的に排除されるもので、それ以上の使い道はない。肛門性格の人は排泄物に惹きつけられるが、同じように、たとえば汚物のような生に役立たないもの、不要物、生産や消費のためではなく単に所有するための財産に惹かれるのだ。この生きていないものに惹かれる性質が発達する原因については、まだ研究すべきことが多くある。体質的な要因とは別に、親の性格、特に母親の性格が重要な因子であると考えるのは的はずれではないだろう。厳しいトイレ・トレーニングに固執し、子どもの排便プロセスなどに必要以上の関心を持つ母親は、強い肛門性格を持つ、つまり生のないものや死んでいるものに並々ならぬ興味を持つ女性であり、子どももその影響を受けて同じような興味を持つことがある。同時に彼女は生の喜びを感じず、人を励ますこともなく、意欲を失わせる。その母親の不安が原因で子どもは生を恐れるようになり、生きていないものに惹かれることが多くなる。言い換えると、肛門性格を形成するのはトイレ・トレーニングとそれが肛門リビドーに与える影響ではなく、生への憎悪や恐怖、排泄プロセスへの直接的な興味をはじめ、多くの方法で子どものエネルギーを所有や貯蔵への情熱に向けさせる、母親の性格なのだ。

　この説明から、フロイト説における肛門性格と、これまでに述べたネクロフィリア的な性格が、とてもよく似ていることが容易に見て取れる。事実、生きていないものや死んだものへの興味と親近感において、それらは質的に似通っており、違っているのはその親近感の強さだけである。フロイトのいう〝肛門性格〟は良性だが、ネクロフィリア的性格とはその性格形態の悪性のかたちだと私は考える。肛門性格とネクロフィリア的性格との間には明確な境界はなく、どちらの性格なのか結論を下すことは困難なのだ。

　ネクロフィリア的性格という概念では、フロイトのリビドー理論に基づく〝肛門性格〟と、純粋生物学的な考察（そこから死の本能という概念が生まれた）とが結びつく。それと同じ結びつきは、フロイトの〝性器的性格〟および生の本能という概念とバイオフィリア的性格との間にも存在する。これはフロイトの初期理論と後期理論との間の溝を埋めるための第一歩であり、さらに研究を進めて、その作業を拡大していくことが求められている。

ここでネクロフィリアの社会的条件に話を戻すと、次のような疑問が浮かんでくる。ネクロフィリアと現代の産業社会の精神とは、どう関わっているのか。さらに核戦争への動因に関して、ネクロフィリアと生への無関心はどのような意味を持つのか。

私はここで、現代の戦争を引き起こす誘因となるすべての面をとりあげることはない。それらの多くは核戦争と同じく、以前の戦争においても存在していた。ここでは核戦争に関する、一つのきわめて重要な心理学的問題だけをとりあげる。これまでの戦争を正当化する説明がどのようなものであろうと――攻撃に対する防衛、経済的利益、解放、栄光、日常生活の維持――それらは核戦争には当てはまらない。防衛もない、利益もない、解放もない、栄光もない、〝よくて〟国の半分が数時間で灰になる。文化の中心地が破壊され、生存者が死者をうらやむような野蛮で非人間的な生活だけが残される。(24)

これらすべてのことが予期されているにもかかわらず、核戦争への準備は着々と進み、抗議行動がいま以上に広がらないのはなぜなのか。子や孫をもつ人々が、なぜもっと多く抗議に立ち上がらないのか。このことをどう理解すればいいのだろう。生きたいと思う理由がいくらでもある、あるいはそう見える人々が、全面的破壊を考えて平気でいられるのはなぜなのだろう。それには数多くの答えがある[25]。だが、そこに次の理由が盛り込まれていなければ、満足のいく回答とはなりえない。人が全面的な破壊を恐れないのは、生を愛していないから、あるいは生に無関心だから、さらには多くの人は死に惹かれているからとさえ考えられる。

この仮説は、人は生を愛し死を恐れる、さらに現代の文化はこれまでのどの文化よりも刺激と楽しさを人々に与えているという、私たちの推測と相反しているように思える。しかし、だからこそ私たちはこう問いかけなければならない。いまの楽しさと刺激は、もしかしたら生の喜びや愛とはまったく違うものではないだろうか。

これらの問いに答えるには、生を愛する性向と死を愛する性向に関する、これまでの分析に言及しなければならない。生は構造的な成長であり、まさにその性質のために完全にコントロールしたり、予期、予測したりすることはできない。生の領域で他人に影響を与えることができるのは、たとえば愛や刺激といった、生命の力だけである。生は個々の現れ、一人の人間、一羽の鳥、一輪の花といったかたちでのみ経験できる。〝集団〟の生や、抽象的な生など存在しない。現在、私たちの生への接し方はしだいに機械的になってきている。私たちの主な目的はモノをつくることであり、物質を崇拝する過程で自分たちも商品へと変わっていく。人は数字として扱われる。ここでの問題は、それらが大事にされ、十分に食べさせてもらえているかどうかということではない(モノも大事にされることはある)。問題は、人間はモノか生物かということである。機械的な面白い道具を、生きているものより愛する。人間への接し方が合理的かつ抽象的である。モノとしての人間、つまりその共有財産、集団行動の統計的原則に興味を持ち、生きている個人には興味をもたない。これらはすべて、官僚制的手法の役割の高まりと軌を一にしている。巨大な生産拠点、巨大な都市、巨大な国家では、人はモノのように管理される。人とその管理者はモノに変容し、モノの法則に従う。しかし人間はモノになる必要があるわけではない。モノになったら人は破壊されてしまう。そうなってしまう前に、自暴自棄になってすべての生を殺したいと思うようになるのだ。

官僚制的な構造を持つ中央集権的な産業主義では、人々は最大限、予想可能で利益が出るようなかたちの消費をするように自らの好みが操作される。独創的で思い切ったものよりも、平凡で無難なものを選ぶテストが絶えず行なわれるうちに、人々の知性と性格が画一化されるようになる。事実、ヨーロッパとアメリカで勝利を収めている官僚主義的な産業文明は、新しいタイプの人間を生み出した。それは組織人間（オーガニゼーション・マン）、自動機械人間（オートマトン・マン）、消費人間（ホモ・コンシュメン）と表現できるだろう。さらに機械人間（ホモ・メカニクス）でもある。これはガジェット人間でもあり、機械的なものすべてに惹かれ、生きているものから離れようとする。強い性的衝動は人間の生物学的、生理的な資質から生じるものである以上、機械人間にも性的欲望があり、女性を求める。しかしガジェット人間の女性への興味が減少しつつあるのは疑いがない。『ニューヨーカー』の漫画に、それを風刺したものがあった。販売員の女性があるブランドの香水を若い女性客に売り込もうとしてこう言うのだ。「これは真新しいスポーツカーの匂いがするんですよ」。本当にいまの男性の行動を見ていれば、この漫画が気の利いたジョーク以上のものであることがわかるだろう。女性や愛情や自然や食べ物よりも、スポーツカー、テレビ、ラジオ、宇宙旅行、あまたのガジェットに興味をもつ男性が多数いる。そういう人たちは生ではなく、無機的で機械的なものの操作に興奮する。機械人間にとっては、周囲数千マイルにもわたってものの数分で何百万人も殺せる装置を誇らしく感じ、それに魅了される気持ちのほうが、そのような大量破壊の可能性に抱く恐怖や憂鬱よりも大きい。機械人間もセックスや飲酒を楽しむが、そうした快楽もすべて機械的で生きていないものの枠のなかで求める。彼は押すだけで幸せや愛情、快楽が出てくるボタンがあると思っている（そのボタンがどこにあるかを教えてくれるという幻想を持って精神科医を訪れる人は多い）。彼は車を見るような目で女性を見る。どのボタンを押すべきか知っていて、女性を〝競争〟させる力を享受しながら、自分は冷静な傍観者の立場を貫く。機械人間は生に関わり応答することよりも、機械の操作への興味をますます強めていく。そうして生に無関心となり、機械的なモノに魅了され、やがて死と全面的な破壊に惹きつけられるようになる。

娯楽において殺しがどんな役割を果たしているか考えてみよう。映画、漫画、新聞がセンセーショナルなのは、破壊、サディズム、残忍さについての描写にあふれているからだ。何百万という人々は平凡だが穏やかな生活をおくっている。そんななかで何より興奮するのは、殺人であろうと、カーレースでの大事故であろうと、人が殺されるのを見たり読んだりすることなのだ。これは死への傾倒がすでに根深いものとなっていることの現れではないか。また「死ぬほどわくわくしている」とか「死ぬほど」これをしたい、あれをしたいといった表現や、「死ぬほどすてき」といった言い回しを考えてみてほしい。自動車事故の多さに見られる、私たちの生への無関心を考えてもいい。

簡潔に言えば、合理化、数量化、抽象化、官僚化、物象化といった、まさに近代産業社会の特質を、モノではなく人に当てはめてみると、生ではなく機械の原理となる。そのようなシステムに生きる人は、生に無関心になり、死に惹かれさえする。しかもそのことに気づかない。彼らはぞくぞくするような興奮を生の喜びと思い込み、多くのモノを所有したり使ったりするとき、自分はまさに生きているという幻想を抱いて生活している。核戦争への抗議が少ないことや、われらが〝原子科学者〟が全壊または半壊の損得勘定について議論しているのを見ると、私たちがすでに〝死の影の谷〟の奥深くに入り込んでいることがわかる。

このようなネクロフィリア的な傾向は、個々の政治的な構造とは関係なく、現代のどの産業社会にも存在する。この点で、ソヴィエトの国家資本主義と法人資本主義のどちらにも共通するものは、その制度上の相違よりも重要である。共通しているのは、官僚主義的、機械的なアプローチであり、どちらも全面的破壊を招き寄せている。

生を蔑ろにするネクロフィリア的な性質と、スピードをはじめ機械的なものすべてを賞賛することとの類似性が明らかになったのは、ここ数十年のことである。しかし一九〇九年にはすでに、マリネッティが『未来派宣言』でこのことを簡潔に表現している。

(1) われわれは危険と熱さと大胆さへの愛を歌う。
(2) われわれの詩の本質は勇気、向こうみず、そして反逆である。
(3) これまでの文学は思慮深い不動と恍惚と眠りを礼賛してきた。われわれは攻撃的な運動、熱病のような不眠、二倍の速歩、宙返り、平手打ち、殴り合いをたたえよう。
(4) われわれは、世界は新たな美によってさらに輝きを増したと宣言する。その美とはスピードの美だ。激しく息をするヘビのような太い管で飾られたレーシングカー……うなりをあげて榴散弾のように走る自動車は、「サモトラケのニケ」よりも美しい。
(5) われわれはハンドルを握る人間を歌う。その架空の軸は地球を貫き、軌道のサーキットを疾走する。
(6) 詩人は熱狂と輝きと贅沢に没頭し、原初的な要素である熱い激しさをかきたてるべきだ。

(7)　争い以上に美しいものはない。攻撃的でない傑作はない。詩は未知の力に激しく襲いかかり、人間の前に跪かせるものでなければならない。

(8)　われわれは世紀の突端の岬に立っている！……なぜうしろを振り返らなければならないのか。われわれは不可能という神秘の扉を破らなければならないときだというのに。時間と空間は昨日死んだ。われわれはすでに絶対のなかに生きている。スピード、永遠、不滅のものを生み出しているのだ。

(9)　われわれは戦争――世界で唯一、健康を与えてくれるもの――、軍国主義、愛国主義、アナーキストの破壊的武器、殺人の美学、女性蔑視を讃えよう。

(10)　われわれは博物館、図書館の破壊を願い、道徳主義、フェミニズム、そしてすべての日和見主義、功利主義的な低劣と戦おう。

(11)　われわれは歌おう。労働、快楽、反逆に熱狂している群衆を。現代の首都に打ち寄せる、いくつもの色と音を持つ革命の波を。煌々と輝く電気の月光に照らされる軍需工場と作業場の夜の振動を。煙を吐く蛇を飲み込む貪欲な停車場を。何本もの煙で空からつるされる工場を。日に照らされて輝く凶器のような川の上を、体操選手のように飛び越えていく橋梁を。地平線の匂いをたどる冒険好きな船を。長い筒の馬勒をつけた巨大な鋼鉄の馬のごとく、レールの上を疾走する堂々たる

機関車を。そのプロペラのうなりが、旗のはためきや熱狂する群衆の喝采にも似た、飛行機の滑空を。(26)

技術と産業に関するマリネッティのネクロフィリア的な解釈を、ウォルト・ホイットマンの詩に見られる深いバイオフィリア的な解釈と比較してみるのも興味深い。ホイットマンは「ブルックリンの船着き場を渡って」という詩の最後にこう書いている。

栄えよ、都市たちよ――船荷を運んでくれ、華やかな景観を届けてくれ、豊かに
　悠々と流れる川よ
広がれ、何よりも霊的な存在よ
その場を動かないでくれ、他の何よりも永続的な物たちよ
きみたちは待っていた、常に待っている。物言わぬ美しい使徒たちよ
われわれはようやく自由な感覚できみたちを受け入れ、これからは飽くことなく
　きみたちを求めるだろう
もうきみたちはわれわれをはねつけたり、離れたりすることはできない
われわれはきみたちを利用して、そのあとで捨てたりはしない。きみたちをずっ

とわれわれのなかへ植え付ける
われわれはきみたちを品定めしたりしない。われわれはきみたちを愛する。きみたちにも完璧さがある
きみたちは永遠なるもののために、自らの一部を差し出している
大きくても小さくても、きみたちは魂のために自らの一部を差し出しているのだ

また「大道の歌」の終わりと比較してみてもよい。

仲間よ、わたしはあなたに手を差し伸べよう！
金よりも大切な愛をあげよう
説教や法律よりも、まずわたしをあげよう
あなたもあなた自身をくれないか？　わたしと一緒に旅に出よう
わたしたちは生きている限り、お互い離れずにいよう

ネクロフィリアとは正反対のホイットマンの解釈を何よりも強く表現しているのがこの一行だ。「さあ、行こう！　おお、生きていることよ、常に生きていることよ！

屍を置いていこう」

マリネッティの産業に対する態度と、ウォルト・ホイットマンのそれを比べると、工業生産それ自体は必ずしも生の原理に反するわけではないことが明らかになる。問題はその生の原理が機械化の原理に従属するのか、それとも生の原理のほうが優位なのかということだ。どう見ても、いまのところ産業化世界には、ここで提示されている問題への答えは見つかっていない。その問いとは、いま私たちの生を支配する官僚制的産業主義に対して、ヒューマニズムの産業主義をどうつくっていくかということである。

第四章　個人と社会のナルシシズム

　フロイトの発見のなかでもとりわけ有益で大きな影響を与えたものの一つが、ナルシシズムの概念である。フロイト自身も、それを特に重要な発見と考え、精神病（〝ナルシシズム神経症〟）、愛、去勢恐怖、嫉妬、サディズムなどのはっきりとした現象を理解するため、また大衆現象（抑圧された階級が支配者におとなしく従う傾向など）を理解するためにも用いた。この章では引き続きフロイトの考え方をたどり、愛国主義、民族憎悪、そして破壊や戦争の心理的動因を理解するうえでナルシシズムが果たす役割について検討したい。

　余談ではあるが、ユングやアドラーの著作では、ナルシシズムの概念についてほとんど触れられていないこと、ホーナイの著作ではさらに少ないという事実を書き添えておこう。正統派のフロイト理論や治療法でさえ、ナルシシズムの概念を用いるのは、幼児や精神病患者に限られていた。その概念の効果が十分に評価されてこなかったのは、フロイトがこの概念をリビドー理論に無理に当てはめていたためである。

フロイトは統合失調症をリビドー理論で理解しようと研究を始めた。統合失調症の患者が対象とリビドー的な関係（事実でも妄想でも）を持つとは思えなかったフロイトは、こんな疑問を持った。「統合失調症の場合、外部の対象に向けられないリビドーはどうなるのか」[27]。彼の答えはこうだ。「外的世界に向けられないリビドーはエゴに向かい、そこからナルシシズムという性質が生まれる」（*On Narcissism*, p. 75）。フロイトは、リビドーはもともと〝大貯水池〟に貯えられるようにエゴに貯えられていて、対象へと拡張していくが、すぐにそこから引き上げてエゴに戻ってくると考えた。彼はのちにこの見解を変えて、一九二二年には「リビドーの大貯水池はイドであると認識しなければならない」と書いているが、以前の見解をすべて放棄したわけではないようだ[28]。

しかしリビドーがもともとエゴから生じるのかイドから生じるのかは、概念そのものの意味にとってはそれほど重要ではない。人間は生来の状態、つまり幼児期にはナルシシズムの状態（一次的ナルシシズム）にあって外界との関わりはなく、その後、正常な発達の過程で外の世界との（リビドー的な）関わりの範囲と濃密さを増していく。だが、リビドー的な愛着を何らかの対象ではなく、自分自身のエゴに向かわせる例（もっとも強烈なケースは精神異常）は少なくない（二次的ナルシシズム）。しかし正常に発達した場合でも、人は一生涯、ある程度のナルシシズムを持ち続けるのである。[29]

では、〝正常な人〟におけるナルシシズムの発達とは何だろうか？ フロイトはこの発達のおおまかな流れを説明している。彼の発見について次に簡単にまとめてみる。子宮のなかの胎児は絶対的なナルシシズムの状態に生きている。「生まれることによって、絶対的・自己満足的ナルシシズムから一歩を踏み出し、変化する外的世界と、対象の発見の始まりを認識するようになる。幼児が外の世界の対象を〝自分ではない〟ものの一部として認識できるようになるまでには何か月もかかる[30]」とフロイトは述べている。子どもはナルシシズムを何度も打ち砕かれ、外の世界とその法則について知ることが増えるため、〝やむをえず〟元のナルシシズムを〝対象への愛〟へと発達させるのだ。しかし「リビドーの外的な対象を見つけたあとでも、人間にはある程度のナルシシズムが残っている[31]」。フロイトの言葉によれば、個人の発達とは、絶対的なナルシシズムから、客観的な論理的思考と、対象を愛する能力への進展と定義できる。しかしその能力には超えられない明確な限界がある。〝正常〟な〝成熟〟した人とは、ナルシシズムが完全には消滅しないものの、それが社会的に容認される最低限まで減少した人なのだ。フロイトの考察は毎日の経験で確かめることができる。大半の人にはナルシシズムの芯があり、そこには触れることができず、完全に消そうとしてもあまり効果はないように思える。

おそらくフロイトの専門用語にあまり詳しくない読者にとっては、ナルシシズムがどういったもので、どういう力を持っているのか、さらに具体的な説明を続けなければ、はっきりとした考えを得られないだろう。その説明を以下で行なうことになるが、その前にこの用語について明らかにしておきたいことがある。ナルシシズムについてのフロイトの見解は、彼の性的リビドーという概念に基づいている。すでに指摘したとおり、この機械論的なリビドーという考え方は、ナルシシズム概念のさらなる展開を促すのではなく、むしろその妨げとなっているように思う。そこで、性衝動エネルギーとは異なる心的エネルギーという概念を使うことによって、大きな成果をあげる可能性が飛躍的に高まると私は考える。それを行なったのがユングであり、彼はフロイトの考えに、性的でないリビドーがあるとはじめから認識していたふしさえある。性的でない心的エネルギーは、フロイトのリビドーとは違っているとはいえ、リビドーと同じようにエネルギーの概念である。それは心的な力を意味し、表に出たときにだけ目に見え、一定の強度と方向性を持っている。このエネルギーは、外の世界との関係における個だけでなく、その人自身のなかにある個を束ね、統合し、結びつける。生存への衝動を別にすれば、人間行動の原動力で重要なものは性本能のエネルギー(リビドー)のみである、という初期フロイトの見解に同意できなくても、心的エネルギーという一般的な概念を使えば、語義に厳しい人々が思うほどには、その差は大きくないのである。精神分析と呼ばれる理論や治療法がよって立つ基本は、人間行動のダイナミックなとらえ方である。これは非常に激しい力が行動の動因となり、それらの力を理解しなければ、行動を理解し予測することはできない、という考え方を前提としている。こうした人間行動についてのダイナミックなとらえ方が、フロイトの体系の中心にある。これらの力を理論的にどう考えるかは――機械論的・唯物論的哲学であろうと、人道的リアリズムであろうと――重要な問題だが、人間行動についてのダイナミックな解釈という中心的問題からすれば副次的なものにすぎない。

ナルシシズムについての説明を、二つの極端な例から始めよう。新生児の〝一次的〟ナルシシズムと、精神障害を持つ人のナルシシズムである。新生児はまだ外部の世界との関わりを持たない(フロイト派の用語を用いるなら、リビドーがまだ外部の対象に備給《カセクシス》していない)。別の言い方をすれば、新生児にとって外部の世界はまだ存在しておらず、〝私〟と〝私ではないもの〟とを区別できないレベルにある。新生児は外部の世界に「関心（interesse＝to be in＝なかにいる）がない」とも言える。新生児にとって存在する現実とは自分だけ、つまり自分の身体、暑いとか寒いといった身体感覚、のどの渇き、睡眠や身体接触の欲求などである。

精神障害を持つ人の状況も、基本的には新生児と違いはない。しかし新生児にとって外部の世界はまだ現実として現れていないものだが、精神障害の人にとって外部の世界は、現実ではなくなってしまったものである。たとえば幻覚の場合、感覚は外部での出来事を記録する機能を失ってしまい、主観的経験を、外界の対象への感覚的反応として記録する。偏執的妄想でも同じメカニズムが働く。たとえば恐怖や疑念といった主観的感情が客体化して、他人が自分に何かを企んでいると思い込むのだ。これが神経症患者との違いである。神経症患者はたえず、嫌われたり迫害されたりすることを恐れているが、それが自分の恐怖であることを知っている。偏執病の人にとっては、その恐怖が事実になる。

強大な権力を手に入れた人には、正常と異常の境界にある、特殊なナルシシズムが見られることがある。エジプトのファラオ、ローマのカエサル、ボルジア家の人々、ヒトラー、スターリン、トルヒーヨ〔一八九一－一九六一年、ドミニカの軍人・独裁者〕――彼らには同じ特徴がある。みな絶対的権力を手に入れたということだ。彼らの言葉は、あらゆることとの最終的な審判だった。生と死もそこに含まれる。彼らが望みを果たす力に限度はないように見える。彼らは神であり、病気と年齢と死以外に限界はない。彼らは人間存在という問題を解決するため、その限界を必死で超越しようとする。自分の欲望と力には限界がないと見せかけるため、無数の女性と寝て、無数の人々を殺し、あちこちに城を建て、「月を欲しがり」、「不可能を手にしようとする」[32]。これは狂気であるが、存在の問題を人間でないふりをして解こうとする一つの試みである。神になろうとすればするほど、人間のなかで孤立し、孤立によってさらにおびえ、誰もが彼の敵になる。その結果として生じる恐怖に耐えるために、彼はさらに大きな権力を持ち、非情さを増し、ナルシシズムを高めなければいけなくなる。このカエサル的狂気は、ある要因がなければ、単なる精神異常にすぎない。それは、自らの持つ権力によって現実をゆがめて、ナルシシスティックな想像に近づけたということである。彼は人々に、自分が神であり、もっとも強くもっとも賢明であると、強制的に同意させた。それで彼の誇大妄想が正当なもののように思えた。一方、多くの人が彼を憎み、権力の座から引きずり下ろし、殺そうとする。そのため彼の病的な猜疑心にも、現実の裏づけが生じる。結果的に、彼は現実から切り離されているとは感じないために、いくらかの正気を保っていられるのだが、その状態は不安定である。

精神病は絶対的ナルシシズムの状態であり、人は外部の現実とのつながりをすべて断ち切って、自分自身を現実の代わりとする。完全に自分を自分で満たし、自分自身の「神であり世界」となる。フロイトはまさにこの洞察により、初めて精神病の本質についてのダイナミックな理解へと道を開いたのだ。

しかし精神病をよく知らない人のために、神経症や〝正常〟な人に見られるナルシシズムがどのようなものか説明しておく必要がある。ふつうの人に見られるナルシシズムのもっとも基本的な例の一つは、自分の身体に対する態度に表れる。大半の人は自分の身体、顔、姿に愛着を持ち、もっと美しい他人のものと交換したいかと尋ねられても、きっぱりとノーと答える。もっとわかりやすいのは、大半の人は自分の排泄物を見たり臭いをかいだりしても気にしない（実際には好む人もいる）が、他人のものは嫌悪するという事実だ。ここに審美的あるいはその他の判断が含まれていないのは明らかだろう。同じものでも、自分の身体に関わっているときはいいが、他人の身体に関わると不快なものになる。

次に、そこまで一般的でないナルシシズムの例を考えてみよう。ある人が医者に電話して予約を取ろうとする。医者は今週は無理だからと、翌週のある日を提案する。しかし患者はもっと早く予約を取ってくれと主張するばかりで、なぜそれほど急ぐのかという常識的な説明はせず、ただ自分はその医者のところから、ほんの五分のところに住んでいると言う。医院まで来るのに時間がかからないことと診察時間の問題は関係ないと答えても、患者はまったく理解しない。彼は医者がもっと早く診てくれるのが当然と思うだけの理由を説明したと言い続ける。その医者が精神科医なら、重大な診断を下していただろう。そこにいるのは極度にナルシシスティックな人物である、つまりとても重い病気の人間だと。その根拠はすぐにわかる。患者は、医者の立場が自分とは別なものだということが理解できない。患者の視野にあるのは、医者に診てもらいたいという自分の望みと、自分がそこに行くのに時間はかからないという事実だけであり、別の予定と望みがある別個の人間としての医者は存在していない。この患者の論理は、自分が楽に行けるなら、医者も楽に診られるというものである。もし医者が最初に説明したあと、「ああ、そうですよね。わかりました。ばかなことを言って申しわけありません」と答えていたら、この患者に対する診断も少し変わっただろう。この場合、その患者はやはりナルシシスティックな人物で、当初は自分と医者の立場を区別できなかったが、最初の患者ほど強く重篤なナルシシズムではない。注意されれば現実の状況を理解できるし、それに応じた対応ができる。二番目の患者はおそらく、自分が失敗したことに気づけば恥じ入るだろう。しかし最初の患者はまったく恥ずかしいとは思わず、そんな簡単なこともわからない医者を非難する気持ちにしかならないだろう。

これと同じような現象は、ナルシシスティックな男が恋をして、その女性が自分になびかなかったときにも見られる。ナルシシスティックな男はその女性が自分を愛していないことを信じようとしない。男の理屈はこうだ。「自分がこれほど愛しているのに、彼女が自分を愛さないことはありえない」、あるいは「彼女が愛してくれていないなら、彼女が自分もこれほど愛せるわけがない」。そして女性がなびかないことを、次のような理屈で正当化する。「彼女は無意識でぼくを愛している。自分の愛の激しさを恐れている。彼女はぼくを試し、苦しめようとしている」など。ここでの基本的なポイントは、前のケースと同じように、ナルシシスティックな人は、他の人の現実が自分の現実とは違うことを認識できないということである。

次に、一見したところではまったく異なるが、どちらもナルシシスティックな二つの現象を見てみよう。ある女性が毎日、鏡の前に何時間も座って髪や顔の手入れをしている。これは単に彼女が容貌に自信を持っているということではない。彼女は自分の身体と美貌にとりつかれていて、自分の身体だけが彼女が知る重要な現実なのだ。彼女がいちばん近いのは、ギリシャ神話に出てくるナルキッソスだろう。彼は美しい青年で、彼に拒絶されたニンフのエコーは傷心のために命を落とした。復讐の女神であるネメシスが罰として、ナルキッソスが湖に映る自分の姿に恋をするよう仕向ける。そして彼は自分の姿に見とれながら、湖に落ちて死ぬ。このギリシャ神話では、この種の〝自己愛〟は呪いであり、それが高じると自己破壊につながることが示されている。[33] もう一つの例としてあげる女性は（同じ女性の数年後の姿とも考えられる）心気症《ヒポコンドリア》である。彼女も常に自分の身体を気にしているが、美しさを求めるのではなく、病気を恐れてのことだ。こうした肯定的、あるいは否定的なイメージが選ばれるのには、もちろん理由がある。しかしそれについてはここで触れる必要はない。問題は、どちらの現象の背後にも、自分しか見えないというナルシシスティックなこだわりがあり、外の世界へは関心がほとんど向けられていないということである。

道徳的心気症《モラル・ヒポコンドリア》も基本的に違いはない。その人は病気や死ではなく、罪を犯すことを恐れる。このような人は常に、自責の念や、自分がこれまでにしてきた悪事のことで頭がいっぱいである。第三者からすると――そして彼自身も――そういう人はきわめてまじめで、道徳的で、他人を気遣うようにさえ見えるが、実は自分のこと、自分の良心、他人が自分について何と言っているかといったことにしか興味がない。身体的、あるいは道徳的心気症の根幹にあるナルシシズムは、うぬぼれ屋のナルシシズムと同じだが、それについての知識がない人から見ると、同じであることがあまりはっきりとはわからない。K・アブラハムが否定的ナルシシズムと分類したこの種のナルシシズムは、特にうつ状態に見られ、不適合、非現実性、自責といった感情が特徴となる。

そこまで激しくないものなら、日常生活でもよく見られる。よく知られた次のジョークにそれがうまく表現されている。ある作家が友人に会って、長い時間、自分のことを話した。そしてこう言った。「ぼくのことばかり長々と話してしまった。今度はきみのことを話そう。ぼくの最新作をどう思った?」この男は自分のことばかり考えて、他人にほとんど興味を持たない人間の典型である。他人に興味を持つとしても、それは自分を反映する存在としてでしかない。他人に手を貸したり親切にふるまったりすることもあるが、それはそうしている自分を見たいからであり、そのエネルギーは相手の立場から見ることではなく、自分を賞賛することに費やされる。

ナルシシスティックな人をどうやって見分けられるだろうか。簡単にわかるタイプが一つある。それはあらゆる自己満足の徴候が出ている人である。何かちょっとしたことを、あたかもとても重要なことのように話す。他人の言うことはほとんど聞かず、実はあまり興味も持っていない(頭の回る人なら、質問をしたりあえて興味があるふりをしたりして、それを隠そうとする)。また批判に対してどのくらい敏感に反応するかでも、ナルシシスティックな人を見分けることができる。そのような感じやすさは、どんな批判の正当性も否定する、あるいは怒りや抑うつをともなう反応として現れることがある。多くの場合、ナルシシスティックな性向は慎みや謙遜のかげに隠れている。実のところ、ナルシシスティックな性向を持つ人が、謙遜を自己礼賛の対象としていることは珍しくない。どのようなかたちで現れようと、外の世界への真の興味が欠けていることは、すべてのかたちのナルシシズムに共通している。(34)

顔の表情でナルシシスティックな人を見分けられることもある。ある種の幸せそうな表情や笑顔は、一部の人には独善的な印象を与えるが、別の人々には清らかで、人を信じやすく、子どものように見える。特に極端なかたちのナルシシズムは特別な目の輝きに現れることが多い。それを神聖なものとして受け取る人もいるし、狂気に近いものの徴候として受け取る人もいる。非常にナルシシスティックな人の多くは、のべつまくなしにしゃべる。食事のときは食べるのを忘れ、他の人を待たせることが多い。そこにいる友人たちや食べ物より、彼らの〝自我(エゴ)〟のほうが重要なのだ。

ナルシシスティックな人が必ずしも「全体としての自己」をナルシシズムの対象ととらえているわけではなく、人格の一部にナルシシズムを備給していることが多い。たとえばその人の名誉、知性、体力、機知、美貌などである(髪や鼻などの小さな部位に絞られることもある)。ときにナルシシズムは、一般的には自慢するようなことではない性質、たとえば恐怖を感じやすいために危険を察知できる能力にまで向けられる。「彼」は彼の一部と同一視される。その〝彼〟とは誰かといえば、彼の頭脳、名声、富、ペニス、良心となるだろう。さまざまな宗教の偶像はすべて、数多くある人間の一面を表している。ナルシシスティックな人にとって、彼自身を構成するこれらの部分的性質のどれもが、ナルシシズムの対象となる。財産が自己を象徴するという人の場合、尊厳を脅かされることは受け入れられても、財産を脅かされることは生命を脅かされるのと同じことになる。自己を象徴するのが知性だという人の場合は、愚かしい発言をしてしまったことをとても苦痛に感じ、深刻なうつ状態におちいりかねない。いずれにせよ、ナルシシズムが強い人ほど、自分が失敗した事実や、他人からの正当な批判を受け入れない。他人からの侮辱的な行為に憤慨するか、相手のほうが鈍感で無教養だといった理由で、正しい判断ができないと思い込むだけなのである(これに関連して私は、優秀だがとてもナルシシスティックなある人物を思い出す。その人はロールシャッハ・テストを受けて、その結果、自分が思い描く理想像とかけ離れていることを知ったとき、こう言った。「このテストをした心理学者は気の毒だ。とても偏執的な人間に違いない」)。

ナルシシズムの現象を複雑にしているもう一つの要因にも触れなければならない。ナルシシスティックな人が〝自己像〟をその愛着の対象とするとき、自らにつながるすべてに同じことをしている。自分の考え、自分の知識、自分の家、そして自分の〝興味の範囲〟にあるものも、ナルシシスティックな愛着の対象となる。フロイトが指摘したように、もっともよくある例はおそらく、自分の子どもへのナルシシスティックな愛着だろう。多くの親は、他の子どもと比べて自分の子どもがいちばん美しく、いちばん頭がいいと思っている。子どもが幼いほど、こうしたナルシシスティックなバイアスが強いようだ。親の愛情、特に母親の子どもへの愛情は、かなりの程度、自分自身の延長としての子どもへの愛なのである。大人の男女間の愛も、ナルシシスティックな性質を持つことが多い。女を愛する男は、彼女がいったん〝自分のもの〟になると、自らのナルシシズムを彼女に転移させる。彼は自分が彼女に与えた性質ゆえに、彼女を賞賛し崇める。それはまさに彼女が彼の一部となったために、すばらしい性質の持ち主となるのだ。そのような男は自分がもっているものはみな、とてつもなくすばらしいと思い、それらに「惚れ込む」ことになる。

ナルシシズムは激しい情動であり、多くの人にとって、それに匹敵するほど強烈なのは性欲や生存欲くらいであろう。いや、そのどちらよりも強いことが多い。そこまで激しくないごくふつうの人でも、ナルシシスティックな芯が残っていて、それはまず破壊できないように見える。そのため性や生存と同じように、ナルシシスティックな情熱もまた、重要な生物学的機能だと思われる。肉体的欲求や関心、欲望にエネルギーが注がれなければ、個々人はどうして生き続けられるだろう？　この疑問に対しては即座に答えることができる。生物学的な生存という見地からすると、人は他の誰よりも自分のほうがはるかに重要だと思う必要がある。そうでなければ、他人から自分を守り、生存のために闘い、他人と主張をぶつけ合うためのエネルギーや関心を、どこから持ってくればいいのだろう？　ナルシシズムがなければ、その人は聖人になるかもしれない——しかし聖人の生存率は高いだろうか？　精神的な見地からするといちばん望ましいこと——ナルシシズムがないこと——が、生存という実際的な見地からすると、いちばん危険なことになるかもしれない。目的論的に言えば、大量のナルシシズムが自然から与えられたおかげで、人は生存のために必要なことをできるようになったのだ。これは、動物のようによく発達した本能が人間には与えられなかったからこそ当てはまる。動物の場合、生来備わっている本能的な性質のおかげで、生存する努力をするべきかどうかを考慮したり決定したりする必要がないという意味で、生存するという〝問題〟がない。人間は本能の効力をほとんど失ってしまった。そのためナルシシズムが、必要性の高い生物学的機能になると考えられる。

とはいっても、ナルシシズムが重要な生物学的機能を果たしていると認めれば、別の問題に直面することになる。極端なナルシシズムは他人への関心を奪い、他人との協調が必要なときでも自分の欲求をあとまわしにできなくなるのではないか。ナルシシズムのせいで人は非社会的になり、最終的には狂気に至るのではないか。個人の極端なナルシシズムが、社会生活の深刻な障害になりうるのは間違いない。しかしもしそうなら、ナルシシズムは生存の原則と対立すると言わざるを得ない。個人が生き残るには集団に入らなければならないからだ。自分だけで自然の危険から身を守ることができる人はまずいないし、集団でしかできないことも数多くある。

そうなるとナルシシズムは生存に必要であり、同時に脅威にもなるという、パラドキシカルな結論に至る。このパラドクスを解決するには二つの方向がある。一つは、最大のナルシシズムではなく、最適なナルシシズムが生存に役立つ、つまり生物学的に必要なナルシシズムは、社会的協調と両立する程度であるという考えだ。もう一つの方向では、個人のナルシシズムが集団のナルシシズムへと変換され、個人の代わりに氏族《クラン》、国家、宗教、人種などが、ナルシシスティックな情熱の対象となる。そこでもナルシシスティックなエネルギーは保持されるが、個人の生存ではなく集団の生存の利益のために活かされる。集団的ナルシシズムのこの問題と、その社会学的機能について説明する前に、ナルシシズムの病理について論じておきたい。

ナルシシスティックな愛着の結果で何より危険なのは、合理的判断がゆがめられることである。ナルシシスティックな愛着の対象は客観的な価値判断に基づくものではなく、それが自分、あるいは自分のものだから価値がある（質がよい、美しい、賢いなど）と考えられる。ナルシシスティックな価値判断には先入観があり、偏っている。ふつうこの偏見は何らかのかたちで合理化され、その合理化は、関わる人の知性と教養によって、多かれ少なかれごまかされやすい。飲んだくれのナルシシズムの場合には、その歪みはたいてい明確である。表面的で陳腐なことを話しているだけなのに、本人はとてつもなくすばらしくて面白いことを言っているような雰囲気と語調で話す。主観的に彼は「世界の頂点にいる」かのように高揚しているが、実際には自己が肥大化した状態でしかない。これは、きわめてナルシシスティックな人物の話が常に退屈だということを必ずしも意味しない。才能や知性があれば面白いアイデアを生み出すし、自分のアイデアを高く評価していても、その判断がまったくの間違いというわけでもない。しかしナルシシスティックな人は自分が生み出したものならどんなものでも高く評価する傾向があり、その実際の価値がそうした評価につながったわけではない（「否定的ナルシシズム」の場合、これとは逆になる。自分自身のものはすべて過小評価しがちで、その判断はやはり偏っている）。本人が自らのナルシシスティックな判断がゆがんでいることに気づけば、それほど悪いことにはならない。自分のナルシシスティックなバイアスに、ユーモラスな態度をとる（あるいはとりうる）だろう。しかしそのようなケースはめったにない。たいていの人は、自分にバイアスなどないし、自分の判断は客観的かつ現実的だと信じている。これは考えたり判断したりする能力を、ひどくゆがめることにつながる。自分や自分のものにばかり関わっていると、その能力は鈍化していくからだ。同時に、ナルシシスティックな人の判断は、〝自分〟以外、あるいは自分のものではないものに対してもバイアスがかかっている。彼にとって、異質な（「私ではない」）世界は劣等で、危険で、不道徳である。そしてナルシシスティックな人は結局、大きな歪みを持つことになる。自分と自分のものは過大評価する。他のものはすべて過小評価する。理性と客観性が損なわれるのは明らかだ。

ナルシシズムのさらに危険な病理的要素は、どんなナルシシスティックに備給された状況への批判にも、感情的に反応することである。ふつう人は自分がしたことや言ったことを批判されても、その批判が公平で悪意のないものであれば怒ることはない。しかしナルシシスティックな人は、批判されると激しく腹を立てる。そういう人は批判を悪意ある攻撃と感じやすい。まさにそのナルシシズムのせいで、批判を公正なものだとは想像できないのだ。その怒りの激しさを完全に理解するためには、ナルシシスティックな人は世界と関わらず、その結果、孤独でありおびえていることを頭に入れておく必要がある。この孤独と恐怖の感覚を埋め合わせるのが、ナルシシスティックな自己肥大化である。彼が世界なら、外部には彼を脅かす世界はない。彼がすべてなら、彼は孤独ではない。したがってナルシシズムが傷つけられたとき、彼は自らの全存在が脅かされていると感じる。恐怖から身を守ってくれるはずの自己肥大化が脅かされたとき、その恐怖が噴出し、激しい怒りがもたらされることになる。その怒りがいっそう激しいものとなるのは、適切な行動によって恐怖を和らげることができないためである。批判者、あるいは自分自身を破壊する以外に、ナルシシスティックな平穏への脅威から救われるすべはない。

爆発的な怒りの他にもう一つ、ナルシシズムが傷つけられた結果として生じるものがある。それが抑うつである。ナルシシスティックな人は自己肥大化によって、自らのアイデンティティを得る。自分以外の世界は彼にとって問題ではない。自分が世界になり、博識で万能であると感じられれば、外の世界の力に圧倒されることもない。ナルシシズムが傷つけられたとき、そしていくつもの理由により（たとえば批判者に対して主観的、客観的な立場が弱いといった理由で）激しく怒れないとき、その人はうつ状態になる。彼は世界に関わらず、関心も持たない。彼は何者でもなく誰でもない。自己を世界との関わりの中心に置いていないからだ。その人のナルシシズムがひどく傷つけられ維持できなくなると、彼のエゴは崩壊する。この崩壊に対して内部で起こる主観的反射が、うつの感情である。私の考えでは、メランコリアに見られる悲嘆の要素は、すばらしい〝私〟が死に、そのためにうつ状態の人が悲しんでいるというナルシシスティックなイメージを指す。

ナルシシスティックな人は、ナルシシズムが傷つけられて生じるうつ状態を恐れるからこそ、そうした傷を何としても避けようとする。それを実行するにはいくつかの方法がある。一つはナルシシズムを増幅して、他者からの批判や失敗が、ナルシシスティックな部分に触れないようにすること、言い換えると、脅威を避けるためにナルシシズムの強度を上げることである。これはもちろん、悪くすれば精神障害に至るほど精神的に病むことによって、抑うつの脅威を取り除こうとすることを意味する。

しかしナルシシズムへの脅威をなくす方法が、もう一つある。これは、本人はより大きな満足を得られるが、他人にとってはより危険である。その解決策とは、その人のナルシシスティックなイメージにある程度まで一致するよう、現実を変形させることである。その一例が、研究の過程でちょっとした発見をしたにすぎないのに、永久機関を発明したと信じるナルシシスティックな発明家である。さらに重大な解決法は、別の人の同意、できれば何百万人もの同意を得ることである。前者は二人精神病《フォリアドゥ》と呼ばれる、結婚や友情が基礎にあるケースだが、後者は何百万人もの喝采と同意を得る著名人のケースである。彼らはそれによって、自らの潜在的な精神障害が公の場で突然明らかになることを避けている。このケースでもっとも有名なのはヒトラーだろう。もし彼が何百万もの人々に、自らつくりあげた自己像や、〝第三帝国〟の世紀という妄想狂的な考えを信じ込ませることができず、さらに自分は絶対的に正しいと部下たちに思わせるように現実を変形できなかったら、彼は極端にナルシシスティックな人物として、精神障害と断定されていたかもしれない（彼が失脚したあと自殺しなければならなかったのは、彼がつくりあげたナルシシスティックな世界が崩壊することに耐えられなかったためである）。

自らに合うよう世界を変形させて、ナルシシズムを〝治した〟誇大妄想狂の指導者の例は他にもある。そのような人々は、批判者をすべて破壊しようとさえする。正気の声が与える脅威に耐えられないからだ。カリギュラ、ネロからスターリンやヒトラーまで、彼らがあれほど激しく、必死になって信奉者を見つけ、自分たちのナルシシズムに適合するよう現実を変形し、すべての批判者を破壊しようとするのは、狂気の爆発を防ぐ試みだとわかる。逆説的だが、そのような狂気の要素があるからこそ、指導者として成功するという部分もある。その狂気によって確信を持ち、疑念から解放されている姿は、一般人に強烈な印象を与えるのだ。言うまでもないことだが、このように世界を変えて自分の考えと妄想を共有させようとする欲求を満たすことにも、精神障害かどうかは別にして、ふつうの人間にはない才能と資質が求められる。ナルシシズムの病理を論じるときは、二つのかたちのナルシシズムを区別することが重要だ――つまり良性と悪性である。良性のナルシシズムの場合、その対象となるのは、その人の努力の結果である。たとえば大工や科学者、あるいは農業従事者としての仕事にナルシシスティックなプライドを持つ。そのナルシシズムの対象は、当人が働きかける事物であり、自分の仕事と自分がつくりあげたものへの関心は、仕事のプロセスや使う素材への関心と、常にバランスを保っている。つまり、この良性のナルシシズムはセルフ・チェックによって作動する。人を仕事にかりたてるエネルギーはだいたいがナルシシスティックな性質を持つものの、仕事そのものが現実との関わりを必要とするという事実によって、ナルシシズムは限界を越えないよう抑えられている。このメカニズムによって、ナルシシスティックでありながらもきわめて創造的な人が多く存在することを説明できるだろう。

悪性のナルシシズムの場合、その対象はその人がしたことや生み出したものではなく、その人が持つものである。たとえば、身体、外見、健康、富などだ。このタイプのナルシシズムの悪質さは、良性のものに見られる補正要素が欠けていることにある。自分が偉大なのは、自分が成し遂げたことではなく、自分が所有しているものに由来する。したがって、誰とも、あるいは何とも関わる必要はないし、何の努力も必要ない。偉大さを維持するために、どんどん現実から自分を分離していく。そしてナルシシスティックに肥大化したエゴが空虚な妄想の産物だと暴露される危険から身を守るため、ナルシシズムをさらに高めていかなくてはならない。そのため悪性のナルシシズムは自己制御できず、結果的に、露骨に自己中心的なばかりでなく、他者を嫌うようになる。何かを成し遂げた人は、他人が同じことを同じように行なったという事実を認めるが、そのナルシシズムによって、自分の業績のほうが他人より優れていると考えるかもしれない。一方、何も成し遂げなかった人は、他人の成果を認めにくいため、無理に世間から自分を切り離して、しだいにナルシシスティックな輝きのなかに閉じこもらざるを得なくなる。

ここまでは個人のナルシシズムのダイナミクスについて、その現象、生物学的機能、病理を論じてきた。この説明から、今度は社会的ナルシシズムの現象と、それが暴力と戦争の原因として果たしている役割へと理解を進められるはずだ。

ここから先の議論の中心的な問題は、個人的なナルシシズムが集団的ナルシシズムへと変形する現象である。まずは個人のナルシシズムの生物学的機能と並行する、集団的ナルシシズムの社会学的機能の観察から始めよう。生き残りを望むあらゆる組織集団の視点からすると、集団がその成員からナルシシスティックなエネルギーを与えられることは重要である。集団の存続は、ある程度、成員がそれを自分の生命より重要と考え、さらに他の集団より自分たちのほうが正しく優れていると信じているという事実で決まる。そうした集団のナルシシスティックな備給がないと、集団に仕えるのに必要なエネルギー、あるいは集団のために重い犠牲を払うだけのエネルギーが、大幅に減少してしまうだろう。

集団的ナルシシズムのダイナミクスにも、個人のナルシシズムに関連してすでに述べたことと同じ現象がみられる。ここでも良性と悪性の違いがある。集団的ナルシシズムが何かを達成することを対象とする場合には、前述したのと同じ弁証法的な過程をたどることになる。創造的なことを成し遂げたいと思えば、独我論的な閉じた集団を去って、成し遂げたいと思う対象に関心を向けなければならない（もしその集団が追求しようとしているのが征服なら、それが達成されたとき有益な影響はほとんどない）。一方、集団的ナルシシズムの対象が、いまの集団そのもの、その栄光、過去の業績、成員の体といったものだとすれば、前述のような反発作用は発達せず、ナルシシスティックな性向と、それにともなう危険が着実に増加するだろう。当然ながら現実では、たいていどちらの要素も混ざり合っている。

これまで論じてこなかった、集団的ナルシシズムの社会学的機能がもう一つある。成員の多く（あるいは大部分）が満足できるだけのものを供給する手段のない社会において、その不満を取り除きたければ、その成員に悪性のタイプのナルシシスティックな満足を与えるしかなくなる。経済的、文化的に貧しい人々にとっては、その集団に属しているというナルシシスティックなプライドだけが満足の源となる（それは非常に効果的なことが多い）。人生に〝面白い〟ことがなく、興味が生じる可能性がないからこそ、極端なかたちのナルシシズムが発達するのかもしれない。この現象の最近の好例が、ヒトラー時代のドイツに存在した人種的ナルシシズムであり、これはこんにちのアメリカ南部にも見られる。どちらの例でも人種的な優越感の中心だったのは、下層中産階級である。ドイツだけでなくアメリカ南部のこの階級も、経済的、文化的に恵まれず、状況を変えるような現実的な望みも持てず（彼らは古くさく滅びかけている社会形態の遺物だからである）、満足をもたらしてくれるものは一つしかない。それは、自分たちは世界でもっとも賞賛されるべき集団であり、劣等とされた別の民族集団より優秀であるという肥大化した自己イメージである。そのような後進的な集団は次のように考える。「たとえ自分は貧乏で教養がなくても、世界一すばらしい集団に属しているから重要な人間なのだ――私は白人だ」、あるいは「私はアーリア人だ」と。

集団的ナルシシズムは個人のナルシシズムほど認識するのが容易ではない。誰かが「私（そして自分の家族）は世界一すばらしい人間だ。私たちだけが清潔で、知的で、善良で、上品だ。他の人はみんな汚れていて、愚かで、不正直で無責任だ」と言えば、たいていの人はその人が粗野で、バランス感覚に欠けており、正気でないとさえ思うだろう。しかしこの狂信的な人間が、大勢の聴衆に向かって、〝私〟や〝家族〟を〝国家〟（あるいは民族、宗教、政党など）に代えて語れば、彼はその国や神などへの愛に満ちた人間として賞賛され尊敬されるだろう。しかし他の国家や宗教はそのような演説を聞けば、見下されたと感じて憤慨するはずだ。それでも持ち上げられた集団の内部では、全員の個人的なナルシシズムがくすぐられ、何百万もの人々が賛同しているのだから、それが正当なことに思える（大部分の人がそれを〝正当〟だと考えるということは、全員ではないとしても、少なくともかなりの数の人が賛同していることを意味する。大半の人にとって〝正当〟であるということは、理性ではなく世論の問題なのだ）。集団が全体として、生き残りのためにナルシシズムを必要とする限り、さらにナルシシスティックな姿勢を助長し、自分たちが特に立派な存在であるという特権を与える。

歴史上、構造も大きさもさまざまに違う集団のなかで、ナルシシスティックな傾向が広がった。原初的な部族や集団では、ほんの数百人という場合もある。そこでは個人はまだ〝個〟ではなく、切り離せない〝原初的な絆〟[35]で血縁集団につながっている。氏族とのナルシシスティックな関わりは、その成員が気持ちの上では、自分が属する氏族の外部に存在しないという事実によって強化される。

人類が発展していくなかで、社会化の範囲はどんどん大きくなっていく。原初的な血縁に基づく小集団は、共通の言語、共通の社会規範、共通の信仰に基づく大集団へと移行する。集団が大きくなったからといって、ナルシシズムの病的な性質が減退するとは限らない。前に述べたような「白人」や「アーリア人」といった集団のナルシシズムは、極端な個人のナルシシズムと同じくらい悪質である。しかし一般的には、より大きな集団が形成される過程で、血縁でつながっていない多くの異なる人々と協力する必要が生じ、その事実が集団内のナルシスティックな力とは反対の方向に働く傾向がある。それはもう一つの観点、個人の良性のナルシシズムとの関連で論じたことにも当てはまる。大きな集団（国家、社会、宗教）が、物質、知識、芸術といった生産領域で何か価値のあることを成し遂げることをナルシシスティックなプライドの対象としている限り、そうした領域での仕事の過程そのものが、ナルシシスティックな力を弱める働きをする。ローマ・カトリック教会の歴史は、ナルシシズムとそれとは逆の力が、大きな集団の内部で独自に混合した、数ある例の一つである。カトリック教会でナルシシズムとは逆に作用する要素は、第一に、人間と〝カトリック〟という宗教（それはもはや、ある特定の部族や国家の宗教ではない）の普遍性という概念である。第二に、個人的な謙遜という考え方で、これは神の概念と、偶像の否定から生じる。神の存在は、人間は神になりえず、誰も全知全能にはなれないことを暗示している。それが人間のナルシシスティックな自己偶像化に明確な制限を加えている。しかし教会は同時に強烈なナルシシズムをはぐくんできた。つまり救済の機会があるのは教会だけで、法王はキリストの代理人であると信じ、そのようなすばらしい組織の一員である限り、信者は強いナルシシズムを培うことができた。同じことは神との関係においても起こった。神が全知全能であれば人間は謙虚になるはずだが、人は自分を神と同一視することが多く、その過程で尋常でないナルシシズムが発達した。

これと同様のナルシシスティックな働きと、反ナルシシスティックな働きの不明確さは、たとえば仏教、ユダヤ教、イスラム教、プロテスタントといった、他のすべての大きな宗教にも見られる。私がカトリックに言及したのは、それがよく知られているからというだけでなく、ローマ・カトリック教会が主に、歴史の同じ時期――十五世紀から十六世紀――に発生したヒューマニズムと、暴力的で狂信的な宗教的ナルシシズムの両方に基礎を置いているためである。教会内外のヒューマニストたちは、キリスト教の根源であるヒューマニズムの名のもとに語った。ニコラウス・クザーヌス〔一四〇一―六四年、ドイツの哲学者・神学者・数学者・枢機卿であり、中世の博学者〕はすべての人間のための宗教的寛容を説いた（『信仰の平和』）。マルシリオ・フィチーノ〔一四三三―九九年、イタリア・ルネサンス期の人文主義者・哲学者・神学者〕は、愛こそがすべての創造の根源的な力だと教えた（『愛について』）。エラスムスは相互の寛容と教会の民主化を唱えた。非国教徒のトマス・モアは、普遍主義と人間の団結という原理を主張して処刑された。ギヨーム・ポステル〔一五一〇―八一年、フランスの言語学者・天文学者〕はクザーヌスとエラスムスの教えをもとに、世界の平和と協調を説いた（『世界和合論』）。ピコ・デラ・ミランドラの弟子のシキュロは、人間の尊厳、理性の美徳、そして自己完成の能力について熱を込めて語った。彼らをはじめ、キリスト教的ヒューマニズムの土壌で育った多くの人々が、普遍性、友愛、尊厳、理性の名のもとに語った。彼らは寛容と平和のために闘ったのだ。[36]

彼らと対立したのが、ルター派と教会派双方の狂信的な勢力だった。ヒューマニストたちは破局を避けようとしたが、結局は二派の狂信的な勢力が勝った。悲惨な三十年戦争で頂点に達した宗教的迫害と争いは、ヒューマニズムの発展への打撃となり、ヨーロッパはいまだにそこから回復していない（それから三百年後、社会主義的ヒューマニズムを破壊したスターリン主義に、その類似を見ずにはいられない）。十六世紀と十七世紀の宗教的憎悪を振り返ると、その非合理性は明らかである。どちらの側も神やキリストや愛の名のもとに語り、違いは一般原則から見れば、二次的な重要性しかないことばかりだった。しかし彼らは互いに憎み合い、どちらも自分たちの信仰の外にヒューマニティはないと信じ込んでいた。この自分たちの立場への過大評価と、違うものすべてを憎むことの本質こそ、ナルシシズムである。「われわれ」は賞賛に値する。「彼ら」は軽蔑すべき存在だ。「われわれ」は善で、「彼ら」は悪だ。自分たちの教義への批判はなんであれすべて悪であり、耐えがたい攻撃である。他の立場への批判は、彼らを真実へと引き戻すための、善意による試みなのだ。

ルネサンス以降、集団的ナルシシズムとヒューマニズムという二つの大きな対立勢力は、それぞれ独自の方向へと発展している。残念ながら集団的ナルシシズムの発展が、ヒューマニズムのそれを大幅に上回っている。中世末期とルネサンス期には、ヨーロッパで政治的・宗教的ヒューマニズムが出現してもおかしくなかったが、その展望は実現しなかった。新しいかたちの集団的ナルシシズムが現れて、その後の数世紀を支配した。この集団的ナルシシズムには、宗教、国家、人種、政治と、さまざまなかたちがあった。プロテスタント対カトリック、フランス対ドイツ、白人対黒人、アーリア人対非アーリア人、共産主義対資本主義。それぞれ内容は違うが、心理的には同じナルシシスティックな現象と、そこから生じる狂信主義と破壊性が関わっている。(37)

集団的ナルシシズムが成長する間に、それに対抗するヒューマニズムも発展した。十八世紀と十九世紀――スピノザ、ライプニッツ、ルソー、ヘルダー、カントからゲーテ、マルクスまで――人類は一つであり、自分の特権は生来の優越性に基づくと主張するような特権的集団など存在せず、各人は自己の内部にすべての人間性を持つとする思想が発達した。第一次世界大戦はヒューマニズムへの深刻な打撃であり、そこから集団的ナルシシズムの熱狂が拡がった。第一次世界大戦の全交戦国における国家的ヒステリー、ヒトラーの人種差別、スターリンの政党偶像化、イスラム教とヒンドゥー教の狂信、西欧の反共主義など、さまざまな集団的ナルシシズムの現れが、世界を全面的な崩壊の淵へと追いやった。

このヒューマニティへの脅威に対する反動として、こんにちすべての国と種々のイデオロギーを代表する人々の間で、ヒューマニズムの再興が見られる。カトリックやプロテスタントの神学者、社会主義と非社会主義の哲学者の間にも、急進的なヒューマニストがいる。全面的破壊の危険、ネオ・ヒューマニズムの考え方、そして新しいコミュニケーション方法から生まれた結びつきが、集団的ナルシシズムの影響を阻止するに足るかどうかは、人類の運命を左右する問題である。

集団的ナルシシズムの増長は、宗教から国家、人種、政党のナルシシズムへの移行にすぎないが、実に驚くべき現象である。なぜ驚くべきことなのかといえば、何より前述したとおり、ルネサンス以降ヒューマニズムが増大しているにもかかわらず、この現象が起こっているからだ。さらにナルシシズムの力を弱めるはずの科学的思考も進歩した。科学的手法には客観性と現実性が求められ、世界をありのままに見なければならず、自らの欲望や恐怖でゆがめることはできない。目の前の現実に謙虚になる必要があり、全知全能な存在になる希望を捨てなければならない。批判的思考、実験、証明、物事を疑う姿勢は科学的研究の特徴であり、間違いなくナルシシスティックな性向とは逆の方向に向かうはずの思考法なのだ。科学的思考の手法が、現代のネオ・ヒューマニズムの発展に影響したのは疑いようがなく、こんにちの優れた自然科学者の大半がヒューマニストであることは偶然ではない。しかし西洋の人間の大部分は、学校や大学で科学的手法を〝学ぶ〟にもかかわらず、科学的、批判的な思考方法に心を動かされていない。自然科学分野の専門家さえ技術屋にとどまり、科学的姿勢を身につけていない。ほとんどの人にとって、教えられた科学的手法の重要性はさらに低い。教育程度が高いほど、個人あるいは集団のナルシシズムはある程度、緩和、軽減されると言えるが、〝教育を受けた〟人の多くが、近代の集団的ナルシシズムの現れである、国家的・民族的・政治的運動に熱狂的に参加することを阻止できていない。

むしろ反対に、科学は新しいナルシシズムの対象を生み出したように思える。それがテクノロジーである。以前なら想像すらできなかった物質世界の創造者、ラジオ、テレビ、原子力、宇宙旅行の発明者、そして地球全体を破壊することさえできる力を得たという、人間のナルシシスティックなプライドのために新たな自己肥大化の対象が生まれた。現代史におけるナルシシズムの発達の問題全体を考えるとき、私はフロイトの言葉を思い出す。彼は、コペルニクス、ダーウィン、そして自分自身が、人間は宇宙において唯一無二の役割を担い、その意識においては不可欠で何物にも代えがたい実在である、という信念を土台から崩壊させたために、人間のナルシシズムを深く傷つけた、と述べている。しかしそれで人間のナルシシズムが傷ついたとしても、その力は思ったほど弱まらなかった。人はナルシシズムを他の対象に移行させた。それが国家や人種、政治的信念、テクノロジーだったのだ。

集団的ナルシシズムの病理に関して、もっともわかりやすく頻繁に見られる症状は、個人のナルシシズムと同じく客観性と合理的判断の欠如である。黒人に対する貧しい白人の判断、あるいはユダヤ人に対するナチスの判断を調べてみれば、個々の判断に歪みが生じていることはすぐにわかるだろう。真実のかけらを寄せ集めても、それをまとめあげた全体は、虚偽と虚構で成り立っている。政治的行動がナルシシスティックな自己賛美に基づくものであれば、客観性の欠如から悲惨な結果が引き起こされることが多い。二十世紀前半、私たちは顕著な国家的ナルシシズムの結果と思われる例を二つ、目の当たりにすることになった。第一次世界大戦の何年も前、フランス軍には銃砲や機関銃はあまり必要でないというのが、フランス軍の正式な戦略方針だった。フランス軍人はフランス人の美徳である勇気と攻撃精神に恵まれており、銃剣だけで敵を倒せると考えられていたのだ。実際は何万、何十万というフランス軍兵士がドイツ軍の機関銃で殺された。フランスが敗北から救われたのは、ドイツの戦略上の失敗と、のちのアメリカの援助のおかげだった。第二次世界大戦では、ドイツが同様の間違いを犯した。極端にナルシシスティックだったヒトラーは、何百万ものドイツ人の集団的ナルシシズムを刺激したが、アメリカの強さを過小評価しただけでなく、ロシアの冬の厳しさを甘く見すぎていた――やはりナルシシスティックな将軍だったナポレオンと同じである。ヒトラーに才気はあったが現実を客観的に見る能力はなかった。彼にとっては戦争に勝って支配したいという願望のほうが、軍備や天候の現実よりも重要だったのだ。

集団的ナルシシズムには、個人的ナルシシズムと同様、満足が必要である。あるレベルではこの満足感は、自分が属する集団は優秀で、他はすべて劣っているという共通のイデオロギーによってもたらされる。宗教集団においては、自分の集団だけが真の神を信仰していて、自分の神だけが本物で、他の集団はすべて惑わされた不信心者の集まりだと思うことで、簡単に得ることができる。しかし自分たちの優越性の証人として神を持ち出すまでもなく、集団的ナルシシズムはもっと世俗的なレベルで同じ結論に至ることがある。アメリカの一部や南アフリカにおける、黒人よりも白人が優れているというナルシシスティックな確信には、自分が優れ他者が劣っているという感覚には制約がないことが示されている。とはいえ、こうした集団のナルシシスティックな自己像への満足感は、ある程度現実に裏打ちされる必要がある。アラバマ州や南アフリカの白人が、社会的・経済的・政治的差別という行為を通じて黒人に対する優越性を見せつけることができた間は、そのナルシシスティックな信念はいくらかの現実的要素を持ち、その思考体系全体を支えることになる。同じことはナチスにも言えた。そこではすべてのユダヤ人を殺害することがアーリア人の優越性の証拠となっていた（サディストにとっては、人を殺せることが優越性の証明となる）。しかし、もしナルシシスティックに自己肥大化した集団にとって満足の対象となりうるような無力な弱者がいなければ、そのナルシシズムは、いともたやすく軍事的な征服を望むようになる。これが一九一四年の汎ゲルマン主義、汎スラブ主義がたどった道だ。どちらの場合も、その国はどの国よりも優れた〝選ばれし国〟だという役割を与えられたため、その優越性を受け入れない国への攻撃が正当化されることになった。私は第一次世界大戦の〝原因〟が汎ゲルマン主義や汎スラブ主義のナルシシズムにあると言っているわけではない。その狂信性が戦争勃発の一因になったのは確かだということである。しかしそれ以上に、戦争が始まってしまうと、各国政府が戦争に勝つための心理的な必要条件として、国家的ナルシシズムを高揚させようとすることは肝に銘じなければならない。

集団的ナルシシズムが傷つけられると、個人のナルシシズムに関して論じたのと同じ激しい怒りの反応が起こる。集団的ナルシシズムの象徴が貶められたことで、狂気に近い怒りが生じた例は、歴史上いくつもある。国旗への冒瀆、自分が信じる神や皇帝、指導者への侮辱、敗戦と領土の喪失——これらが復讐したいという激しい集団的感情を生み、新たな戦争へとかりたてることがよくある。傷ついたナルシシズムを癒すためには、傷つけた者を粉砕し、ナルシシズムへの侮辱を帳消しにする以外にない。個人的なものにせよ、国家的なものにせよ、復讐は傷つけられたナルシシズムと、相手を全滅させてその傷を〝癒す〟べしという欲求に基づく場合が多いのだ。

最後にもう一つ、ナルシシスティックな病理の要素を加えなければならない。極度にナルシシスティックな集団は、自己と同一視できる指導者を強く求める。集団はそのナルシシズムを投影し、指導者は賞賛される。強力な指導者に服従する行為——これは深層心理では共生と同一視される行為である——によって、個人のナルシシズムが指導者に転移するのだ。指導者が偉大であればあるほど、支持者も偉大ということになる。その役割を担うのにいちばんふさわしいのは、個人として特にナルシシスティックな人間である。自らの偉大さを信じて疑わない指導者こそ、まさに彼に付き従う者のナルシシズムを共鳴させる。半ば正気でない指導者が大きな成功を収めることは往々にしてあるが、客観的判断力の欠如、敗北に対する憤激、全能のイメージを維持したいという欲求から引き起こされる間違いが、破壊につながる可能性もある。しかし世の中には常に、ナルシシスティックな群衆の要求を満足させる、半ば病的な人物がすぐ近くに存在する。

ここまではナルシシズムに関わる現象と、その病理や生物学的、社会学的な働きについて論じてきた。結果として、限度を超えない良性のナルシシズムは、必要かつ「有用な」性向といえるかもしれない。しかしこれまでの説明だけではまだ不完全である。人は生物学的、社会学的な生存のみならず価値にも関心を抱いており、自分が人間であるからこそ、その価値を向上させることにも関心を抱いているのだ。価値という視点に立ったとき、ナルシシズムが理性や愛とは相いれないことは明らかである。それについてこれ以上、詳しい説明は必要ないだろう。ナルシシスティックな性向の本質そのものにより、人は物事をありのままに、つまり客観的に見ることができなくなる。別の言い方をすれば、理性に制限を加える。それが愛にも制限を加えるとまでは断言できない――特にフロイトは、すべての愛に強烈なナルシシスティックな要素があると述べている。いわく恋をしている男は相手の女性を自らのナルシシズムの対象としており、自分の一部であるからこそ、彼女がすばらしく魅力的になる。女も男に対して同じ気持ちなら、それは「偉大なる愛」ということになるが、実は愛ではなく二人精神病である場合が多い。どちらもナルシシズムを持ち続けていて、互いへの深い真の関心を持たず（他人への関心は言うに及ばず）、小さなことを気にして相手を疑う状態が続き、何よりも互いにナルシシスティックな満足を与えてくれる新たな人間を求める可能性が高い。ナルシシスティックな人にとって、パートナーは決して独立した一個の人間、あるいは完全に実在する存在ではなく、ナルシシスティックに肥大化した自己の影としてのみ存在しているのだ。しかし病理的でない愛は、互いのナルシシズムに基づくものではない。それは自らを独立した存在として経験しつつ、相手に心を開いて一つになれる二人の関係である。愛を経験するためには、分離を経験しなければならないのだ。

倫理的・精神的見地からのナルシシスティックな現象の重要性は、すべての偉大なヒューマニズムの宗教の基本的教えが次の一文にまとめられると思えば、非常に明確になる。すなわち、人間の目的は自己のナルシシズムを克服することだ、と。この原理がもっとも根本的なところから表現されているのは、仏教においてだろう。仏陀の教えは要するに、人が苦しみから解放されるには、幻想から目覚めて自らの現実——病気、老い、死、そして欲しいものが決して手に入らないという現実——を認識するしかないということになる。仏教の教えにおける〝目覚めた人〟とは、自らのナルシシズムを克服し、そのため完全に自覚することができる人のことである。これと同じ思考を違うかたちで示すこともできる。人が不滅の自我という幻想を手放すことができれば、すべての欲望の対象とともにそれを捨てることができさえすれば、あるいはそれができて初めて、その人の前に世界が開かれ、十二分に関わることができる。心理学的に見れば、この完全に目覚めるまでのプロセスは、ナルシシズムを世界との関わりに置き換えることとまったく同じなのだ。

ユダヤ教徒とキリスト教徒の伝統においても、同じ目的がさまざまな言葉で表現されており、そのどれもがナルシシズムを克服することを意味している。旧約聖書に「汝自身のように汝の隣人を愛せ」という言葉がある。これは少なくとも隣人を自分と同じように大切に思えるくらいまで、ナルシシズムを克服せよということである。しかし旧約聖書においては、ここからさらに進んで、〝異邦人〟への愛を求めている(汝は異邦人のこころを知っている。なぜならエジプトでは汝が異邦人だったから)。異邦人とはまさに、自分の氏族、家族、国の一員ではない人物である。自分がナルシシスティックな愛着を持つ集団の一員ではなく、人間であるという以外、何者でもない。ヘルマン・コーエンが指摘しているように、人は異邦人のなかに人間を発見する。(38) 異邦人への愛では、ナルシシスティックな愛は消滅する。なぜならそれは、その人が自分に似ているからではなく、自分とは異なる独自の存在としてその人を愛するということだからだ。新約聖書の「汝の敵を愛せ」は、同じことをより的確なかたちで表現している。その異邦人が汝にとって、まったく別個の独立した人間になれば、もはや敵はいない。汝が真の人間になったからだ。異邦人と敵を愛することは、ナルシシズムを克服し「我が汝」になって初めて可能になるのである。

預言者の教えの中心的な問題である偶像崇拝との闘いは、同時にナルシシズムとの闘いである。偶像崇拝では、人間の特定の能力が絶対視されて偶像化される。そして人は分離されたかたちで自分を崇拝する。偶像はその人を飲み込み、彼の熱いナルシシズムの対象となる。神の概念はそれとは反対で、ナルシシズムの否定にある。なぜなら全知全能であるのは——人間ではなく——神だけだからだ。しかし定義も説明も難しい神の概念は偶像化とナルシシズムの否定であったのに、神はすぐにまた偶像となってしまった。そして人間は自分をナルシシスティックに神と同一視して、神の概念のもともとの機能とはまったく逆に、宗教は集団的ナルシシズムの現れとなった。

人間が完全に成熟するのは、個人および集団のナルシシズムからすっかり脱却できたときであろう。心理学用語でこのように表現される精神的発達のたどりつく先は、人類の偉大な精神的指導者が宗教的、精神的な用語で表現してきたものと基本的には一緒である。概念は違っても、それによって言及される実体と経験は同じなのだ。

私たちが生きているこの時代の特徴は、きわめて破壊性の高い軍備の発達へとつながった人間の知的進歩と、あらゆる病的徴候をともなう深刻なナルシシズムの状態にいまだとどまっている精神・感情面での発達とが、大きく食い違っていることにある。この食い違いから生じがちな悲劇的結末を避けるために、何ができるだろうか。そもそも人間が、あらゆる宗教の教えがあったにもかかわらず、これまで踏み出せなかった近い未来へ、一歩を踏み出すことは可能なのだろうか。ナルシシズムは人間に深く刻み込まれているので、フロイトが考えたように、その〝ナルシシスティックな芯〟を克服することはできないのだろうか？　ナルシシスティックな狂気が人間を破壊へと向かわせることを防ぎ、人が一人前の人間になる機会を得る希望はあるのだろうか？　これらの疑問に答えられる人はいない。破局を避けるための最善策とは何か、検討するくらいしかできないのだ。

もっとも簡単と思えるものから始めよう。個々人のナルシシスティックなエネルギーを減らすことはできなくても、その対象を変えることはできる。もし一つの国家、民族、政治体制ではなく、人類や人間全体が集団的ナルシシズムの対象になれば、多くを得られるかもしれない。人が自分は基本的に世界市民であり、人類とこれまで人類が成し遂げてきたことを誇りに感じれば、そのナルシシズムの対象は、対立する要素ではなく人間全体へと向けられるだろう。すべての国の教育機関が、個別の国ではなく人類の業績を教えることに力を入れれば、人間であることの誇りについて、もっと説得力があり人の心を動かすような主張ができるだろう。ギリシャの詩人がアンティゴネの言葉として表現した「人間ほど素晴らしいものはない」という気持ちが、すべての人が共有する経験になれば、大きな一歩を踏み出すことになるだろう。さらにもう一つの要素を加えなければならない。良性のナルシシズムの特徴はすべて、成果に目を向けているということである。特定の集団、階級、宗教ではなく、誰もが人間であることを誇れるような仕事を完成させることをめざすべきなのだ。すべての人類が行なうべき仕事は目の前にある。病気や飢餓への共同の闘い、コミュニケーション手段を使って知識や芸術を普及させるための闘い。政治的・宗教的イデオロギーが違っても、こうした共同作業を避けられる類いの集団はない。なぜなら二十世紀の大きな功績は、不平等や、人間による人間の搾取の必要性や正当性に関して、それが自然あるいは神聖なものであるという思い込みを修復不可能なまでに破壊したことにあるからだ。ルネサンスのヒューマニズム、ブルジョア革命、ロシア革命、中国革命、植民地革命――これらはすべて、ある共通の思想に基づいている。すなわち、人間は平等であるということだ。これらの革命で、体制の内部で平等が侵されることはあったにせよ、すべての人間の平等、ひいてはその自由と尊厳を守るべしという思想が世界を席巻したことは歴史的な事実であり、文明社会の歴史において少し前まで優勢だった思想に人類が立ち戻ることは考えられない。

良性のナルシシズムの人類とその偉業のイメージとしては、国際連合のような超国家組織があげられる。それは独自のシンボル、祝日や行事まで生み出すことができる。そのような組織では国の祝日ではなく〝人間の日〟がもっとも重大な祝日になる。しかしこのような発展は、多くの国家が、そしていずれすべての国家が、自国の権威を低下させてでも、人類の権威を優先させようとしなければ実現しないのは明らかである。それは政治だけでなく、感情に関する現実についても言える。人類愛と人類が共同でなすべき仕事が集団的ナルシシズムの対象となるためには、国際連合の強化と、集団間対立の理性的で平和的な解決がどうしても必要な条件である(39)。

ある一つの集団から全人類とその成果にナルシシズムの対象を変化させることは、前にも指摘したように、国家やイデオロギー上のナルシシズムの危険性を中和する。しかしそれだけでは足りない。もし私たちが政治や宗教の理想――キリスト教や、無私と同胞愛を説く社会主義の理想——に忠実であるならば、なすべきことは個々人のナルシシズムのレベルを下げることである。これには何世代もかかるだろうが、いまの世の中ではかつてないほど実現する可能性が高まっている。今日においては、誰もが人間として尊重される生活をおくるための物質的条件を満たせる可能性があるからだ。技術の発展によって、一つの集団が別の集団を奴隷にしたり搾取したりする必要はなくなるだろう。すでに、戦争は経済的な観点から合理的な行動だとする考え方は時代遅れのものとなった。人間は半動物的な状態から脱却して初めて、完全に人間の状態になり、物質的、文化的な貧困を埋め合わせるナルシシスティックな満足を必要としなくなるだろう。

こうした新しい状況を基盤にすると、ナルシシズムを克服しようとする人間の試みにとっては、科学とヒューマニズムを志向することが大きな助けとなる。すでに指摘したとおり、教育的努力の方向性を、技術重視ではなく科学重視に切り替えなければならない。つまり批判的思考、客観性、そして現実を受容し権威による制約を受けず、考えうるあらゆる集団に通用する真の概念の構築を推し進めるということである。文明国において、若者の基本的な心構えとして科学的志向を築くことができれば、ナルシシズムの闘いにおいて多くを得るだろう。これと同じ方向へつなげるための第二の要素は、ヒューマニズムに基づく哲学と人類学を教えることである。哲学的、宗教的な違いがすべてなくなることは考えられない。〝正統〟を主張する単一のシステムを確立することは、ふたたびナルシシスティックな退行を生むことになりかねないので、これを望んでもいけない。しかしすでに存在する違いを認めても、共通のヒューマニズムの信条と経験は存在する。その信条とは、それぞれの人が自らの内部にすべての人間性を持っているということ、知性、才能、身長、肌の色といった不可避の違いはあっても、〝人間の条件〟は一つであり、すべての人にとって同じだということである。このヒューマニズムの経験は、誰にとっても人間的なもので異質なことはなく、「私はあなたである」、つまり自分と他人は同じ人間存在の要素を持っているのだから他人を理解できるはずだ、という感じ方にある。こうした経験は、私たちの自覚できる領域を広げたときに初めて可能となる。自覚の領域はふつう、自分が属する社会が許容する範囲に限られており、それに適合しない人間的な経験は抑圧される。そのため私たちの意識には主に、自分が属する社会と文化が表れ、無意識にはそれぞれの人が持つ普遍的人間像が表れる。(40) この自覚できる領域を広げ、意識を超えて社会的無意識の領域を照らし出すことによって、自己の内部にあるすべての人間性を経験することが可能になるだろう。自分は罪人であり聖人である、子どもであり大人である、正気であり狂気でもあり、過去の人間であり現在の人間でもあるという事実――自分の内部にこれまでの人類とこれからの人類を持っていること――を経験するのである。ヒューマニズムを代弁していると主張するすべての宗教・政治・哲学体系によるヒューマニストの伝統の真の復興は、いま存在する何より重要な〝新たなるフロンティア〟、つまり完全な人間存在への発展に向けた大きな進歩をもたらすと私は思う。

こうした考え方を示しはしても、私はルネサンス期のヒューマニストたちが信じていたように、教えることだけがヒューマニズムを実現する決定的な手段だと言っているわけではない。これらの教えが効果を生むためには、社会的、経済的、政治的な基本条件の変化が必要になる。官僚制的産業主義から人道主義的・社会主義的産業主義への変化。中央集権から分散へ。組織人間から責任感を持つ参加型の市民へ。国家主権への従属から、人類とそれが選んだ組織の主権へ。〝持てる〟国が〝持たざる〟国と協力して、後者の経済システムを強化する共通の努力。世界的な非武装と、現存する資源の建設的な事業への適用。世界的な非武装については、他にも理由がある。人類の一部が他集団による全面的破壊を恐れ、それ以外の人たちが両者による破壊を恐れて暮らしているとしたら、集団的ナルシシズムが消えることはないからだ。人が人間として生きられるのは、自分や子どもたちが次の年、そして何年後も生き続けているだろうと思える環境のなかでだけなのだ。

第五章　近親相姦的な結びつき

　これまでの章では、ネクロフィリアとナルシシズムという二つの性向について説明してきた。これらの極端なかたちのものは生と成長に反し、闘争、破壊、死を助長する働きを持つ。この章では三つめの性向として近親相姦的共生をとりあげる。これも悪性のものになると、前述の二つと同じような結果を招くことがある。

　ここでもフロイト理論の中心的概念である母親への固着から話を始めよう。フロイトはこの概念が、彼の科学的体系の土台の一つになると信じていたし、私も母親への固着という彼の発見は、実際に人間の科学的発見のなかでも特に広い範囲に影響を与えたと信じている。しかしこの領域においても、前に論じたものと同じく、無理にリビドー理論で説明しようとしたために、この発見とその結果が矮小化されることになってしまった。

フロイトが注目したのは、幼児期の母親への愛着には、きわめて大きなエネルギーが備わっているということである。ふつうの人はその愛着を完全に克服することはできない。その結果として女性と関わるための男性の能力が損なわれることに、フロイトは気づいていた。つまり男性の独立性が弱まり、意識的な目標と抑圧された近親相姦的な愛着との相克が、さまざまな神経症的葛藤や症状を引き起こすという事実である。母親への愛着の裏にある力は、男の子の場合、性器リビドーであり、そのために母親を性的に欲して父親を性的なライバルとして憎むと考えた。しかしこのライバルの力のほうが強いために、男の子は自分の近親相姦的欲望を抑圧し、父親の命令や禁止に共感する。しかし無意識下では、抑圧された近親相姦的願望は消えることはない。ただし、より激しく病的なかたちをとる。

女の子に関して、フロイトは一九三一年に、それまで母親への愛着が持続する期間を短く見積もっていたと認めた。それは「はるかに長い性の芽生えの時期を含むことがあり、……こうした事実は、これまで考えられてきた以上に女性の前エディプス期が重要であることを示している」。フロイトはさらにこう続ける。「エディプス・コンプレックスが神経症の核であるという定説を広めるのはやめなければならないようだ」。しかし彼は加えて、この修正を受け入れるのは気が進まないという人は、そうする必要はないとも述べている。「エディプス・コンプレックスの意味を拡大して、子どもと父母両方とのすべての関係を含むと考える、あるいは最初の否定的コンプレックスが優勢な段階を乗り越えて初めて、女性は通常のエディプス・コンプレックスに到達する」と言えるからである。フロイトは次のように結論している。「女の子の発達における前エディプス期をめぐる洞察は、われわれにとって驚きであり、他の分野で言うなら、ギリシャ文明の発見に遅れてミノス・ミケーネ文明が発見されたことに匹敵する」(41)

この最後の文で、フロイトは暗に、母親への愛着は発達の初期段階にある男女どちらにも共通していて、前ヘラス文化の母権制の特徴に近いと述べている。しかしその考えについて、彼はそれ以上追究しなかった。第一に、やや逆説的ではあるが、母親にエディプス的に愛着する段階（前エディプス期と呼べるかもしれない）は、女性において男性よりはるかに重要であると結論づけている（S. Freud, "Female Sexuality," in *Collected Papers*, Vol. V, p. 258）。第二に、彼は女の子の前エディプス期を、リビドー理論の観点からしか理解していない。母乳を十分に与えられなかったという多くの女性の不満に、「原始的な民族と同じくらい長く母乳を与えられた子どもを調べたら、そのような不満は聞かれないのではないか」という疑問を持った時点で、リビドー理論を超越できた可能性はあった。しかし彼はただ「子どものリビドーによる欲望はそれほど強い」と考えただけだった[42]（*ibid*., p. 262）。

男の子や女の子の母親に対するこの前エディプス的愛着は、男の子の母親へのエディプス的愛着とは質的に違っているが、私の経験からすると、男の子の性器に対する近親相姦的欲望が二次的なものであるのに比して、はるかに重要な現象である。男の子あるいは女の子の母親への前エディプス的愛着は、発達のプロセスにおける中心的な現象であり、神経症や精神病の主な原因の一つであると私は考える。それはリビドーの現れというより――リビドーという言葉を使うかどうかとは関係なく――、男の子の性器への欲望とはまったく違うものであると考えたほうがよいのではないだろうか。この前性器的意味における〝近親相姦的〟衝動は、男女のもっとも根本的な熱情の一つであり、人間の保護欲、ナルシシズムの満足を含む。それはたとえば責任、自由、意識の目覚めという負担から解放されたいという願望、愛のこもった反応を期待しない無条件な愛の切望といったものを含む。こうした欲求がふつう子どものなかに存在するのは間違いない。そしてそれを満たしてやるのが母親である。そうでなければ子どもは生きられない。子どもは無力であり、頼れるものを持たず、それ自体は何のメリットもない愛と世話を必要としている。その働きを母親が満たせなければ、

H・S・サリヴァンが〝マザリング・パーソン〟と呼ぶ、母親の役割を代行する人、たとえば祖母やおばがその役を担うことになる。

しかし子どもが世話をしてくれる人を必要とするという明白な事実により、無力で確実性を求めているのは子どもだけではないという事実がかすんでしまった。大人も多くの面で、子どもと同じくらい無力なのである。たしかに大人は働いて、社会から課せられた仕事を果たすことはできる。しかし子どもよりも人生の危険や害を意識している。自分では制御できない自然や社会の力、予見できない事故、避けられない病気や死があることを知っている。そうした状況で、確実性や保護、そして愛を与えてくれる力をなりふりかまわず求めて当然ではないか。この欲求は、母を求めることの〝反復〟であるだけではない。それが生じるのは、子どもが母親の愛を求めるのと同じ条件が、レベルは違っても存在し続けるためである。もし人間が――男も女も――生涯を通じて〝母なるもの〟を見いだせれば、その一生は危険や悲劇から解放されることになるだろう。人がこれほど執拗に、このような幻影を追い求めるよう迫られているのは、驚くべきことではないか。

とはいえ、人は失われた楽園が見つからないことも、かなりはっきりとわかっている。つまり不確実や危険とともに生きる運命であること、自らの努力しか頼れないこと、わずかな力と勇気を得るためには、自分の力を最大限に伸ばすしかないこと。こうして人は、生まれた瞬間から二つの方向性の板挟みになっている。一つは光に向かっていくこと、もう一つは暗い子宮へと戻ることだ。冒険を求めることと確実を求めること。独立の危険を受け入れることと保護および依存を求めること。

発生学的には、母親は確実性を守り保証してくれる力を具現化した最初の存在である。しかしそのような存在は決して母親だけではない。子どもが成長するにつれて、家族や氏族、同じ血をわけ、同じ土地に生まれたすべての人々が、一人の人間としての母親の代わりをしたり、足りない部分を補ったりする。のちにそうした集団が大きくなり、民族や国家、宗教や政党が〝母たるもの〟、つまり保護と愛情を保証してくれる存在となる。もっと原初的な性向を持つ人にとっては、自然そのもの、大地や海が〝母なるもの〟の代わりとなる。母親の役割が本当の母から家族、氏族、国家、民族へと移行していくことには、個人から集団へのナルシシズムの移行に関してすでに述べたのと同じ利点が存在する。第一に、誰の母親であろうと、子どもより早く死ぬ可能性が高いので、不滅の母親的な存在が必要となる。さらに一人の人間である母に頼りきっていると孤独になり、違う母を持つ他の人々から切り離される。しかしもし家族、国家、民族、宗教全体、あるいは神が共通の〝母〟になれば、母親への崇拝は個人を超え、同じ母親の偶像を崇拝する人々すべてとその人を結びつける。そうなれば自分の母親を偶像視することに当惑することもなくなる。集団に共通の〝母〟を賞賛することで、すべての人の心を結びつけて嫉妬を排除する。多くの偉大なる母への礼賛、聖母マリア礼賛、国家主義や愛国主義の礼賛——これらはすべてこの崇拝の激しさを証明している。母親に強い固着を持つ人と、国家や民族、土地、血縁ときわめて強い結びつきを持つ人との間に密接な相関関係があるという事実は、経験的に容易に確認することができる。(43)

母親との結びつきにおける性的要因の役割に関して、ひとこと付け加えておく必要がある。フロイトにとって、性的要因は男の子が母親に引きつけられる決定的な要素だった。フロイトは次の二つの事実を組み合わせることで、そのような結論に至った。一つは男の子が母親に惹かれるという事実、次に幼児期から性的な葛藤が存在するという事実だ。フロイトは第一の事実を、第二の事実によって説明した。多くの場合、男の子が母親に、女の子が父親に性的欲求を持つことには疑いがない。しかし親の誘惑的な影響がこうした近親相姦的な衝動の重要な原因であるという事実（フロイトも最初はそう考えていたがのちに否定した。そしてフェレンツィがふたたびとりあげた）とは別に、性的衝動は母親への固着の原因ではなく、その結果なのだ。さらに大人の夢に現れる近親相姦的な性的欲望において、その欲望はさらなる退行を防ぐための防衛手段であることが多いと確認できる。男性的な性欲を擁護することで、男は母親の胸や子宮に戻りたいという欲望から自分を守るのだ。

同じ問題の別の一面は、娘の母親への近親相姦的固着である。男の子の場合、ここで使われている広義の〝母〟への固着は、その関係の一部となるどのような性的要素とも一致するが、女の子の場合はそうではない。娘の性的な愛着は父親に向けられる一方で、私たちが言う意味での近親相姦的固着は母親に向けられる。この分裂が明らかにしているのは、きわめて深い母親との近親相姦的な結びつきであっても、わずかな性的刺激もなしに存在できるということである。男性に見られるのと同じような、母親との強い近親相姦的な結びつきを持つ女性を診る臨床経験はとても多い。

母との近親相姦的結びつきは、母の愛と保護への切望を意味することが多いが、母親への恐れの表れでもある。この恐れはまず何より、自らの力と独立心を弱体化させる依存心がもたらす結果である。また深い退行のケースに見受けられるような傾向そのものへの恐れの場合もある。深い退行とは、乳児になることや母の子宮に戻ることである。こうした願望によって、母親が危険な人食い人間や、すべてを破壊する怪物に変貌する。しかしここで付け加えておかなければならないのは、そのような恐怖は基本的にその人の退行幻想の結果ではなく、母が現実に人間を食う、吸血鬼のような、あるいはネクロフィリア的な人間であるという事実が原因であることが多いということだ。息子あるいは娘が、そのような母との結びつきを断ち切らないまま成長すると、母親に食われる、あるいは破壊されるという強い恐怖からずっと逃れられない。そのようなケースで、正気を失いかねないところまで人を追い詰める恐怖を癒すには、母との結びつきを断ち切るしかない。しかしそのような関係のなかで生じる恐怖こそ、へその緒を断ち切るのがとても難しい理由でもある。この依存に囚われている限り、その人自身の独立心、自由、そして責任感は弱まっていく。(44)

ここまで私は母親への非合理的な依存と恐怖を、フロイトが近親相姦的衝動の核とみなした性的結びつきとは別のものとして、その概要を説明してきた。しかしこの問題には別の一面もある。それは前に説明した別の現象、はっきり言えば、近親相姦的コンプレックスにおける退行の程度のようなものだ。ここでも〝母親への固着〟について、ほとんど害がなく病的とは言えない良性の形態と、近親相姦的共生と呼ぶべき悪性の形態とを分けることができる。

害のないレベルならば、ある形態の母への固着は、かなり頻繁に見られる。そのようなかたちで固着している男性は、自分を慰め、愛し、賞賛してくれる女性を必要とする。保護され、養われ、世話をされたがるのだ。そのような愛を得られないと、彼らは不安になったりうつ状態になったりする傾向がある。この固着もそれほど激しくなければ、男性の性的・情緒的能力、あるいは独立心や道義が損なわれることはない。ほとんどの男性がそのような固着の要素と、女性のなかに母親的なものを見つけようとする欲求を持ち続けるとさえ推測できる。しかしこの結びつきが強くなると、たいてい性的で感情的な、ある種の葛藤や症状が表れる。

これよりはるかに深刻で神経症的な、第二のレベルの近親相姦的固着がある（ここでレベルという言葉を使っているのは、それが簡潔に表現するのに便利な説明法であるからにすぎない。現実にはっきりとした三つのレベルがあるわけではなく、特に害がないレベルからきわめて悪性の形態の近親相姦的固着まで、切れ目のない一続きのものである。ここで説明するレベルは、その連続体における典型的な部分であり、さらに詳しい議論を進めるなら、それぞれのレベルを少なくともいくつかの〝下位レベル〟に分けることができる）。母親への固着がこのレベルになると、人は自分の独立心を発達させられなくなる。そこまで深刻ではない形態の固着は、すぐそばにいつも母親のように世話を焼き、ほとんど何の要求もせずに待機している存在、無条件に頼れる人を必要とするものだ。もっと深刻な形態の現れとしては、たとえばとても厳格な母親のような女性を妻に選ぶ男性があげられる。彼は妻でもあり母でもある人に従う以外、何もする権利がない囚人のように感じ、絶えず彼女を怒らせはしないかと恐れている。彼はおそらく無意識に反逆しては罪悪感をおぼえ、ますます従順になる。反逆心が不倫、うつ状態、突然の怒り、精神身体疾患、一般的支障として現れる可能性もある。このような男性は自分の男らしさへの不信や、性的不能やホモセクシュアリティといった性的障害に苦しむこともある。

不安と反逆が目立つこのような状況とは違っているのが、母への固着が誘惑的な男のナルシシスティックな態度と混ざり合ったものである。そのような男性は幼いときに、母親は父親より自分を好いている、母親に賞賛されている、父親には軽蔑されていると感じていたケースが多い。彼らは、自分は父親より優れている、あるいは他のどんな男より優れていると感じる、強いナルシシズムを持つ。そのようなナルシシスティックな思い込みを持つと、たいしたことをしなくても、いや何もしなくても、自分の偉大さを証明できると考えるようになる。彼らの偉大さは、母親との結びつきの上に築かれているのだ。結果としてそのような男性は、自分を無条件、無制限に賞賛してくれる女性との関係と自らの価値観全体が深く関わることになる。彼らの最大の恐怖は自分が選んだ女性からの賞賛を得られないことである。それがないとナルシシスティックな自己評価の土台が脅かされてしまうのだ。このような男性は女性を恐れてはいるが、その恐怖は前のケースより目立たない。それは、彼らのナルシシスティックで誘惑的な態度が前面に出ることによって、心やさしく男らしいという印象を与えるためである。しかしこのようなケースでも、他のもっと強い固着のタイプと同じように、母親的な存在以外、男女問わず誰に対しても、愛情や興味、忠義心を抱くことは犯罪である。他の誰にも、あるいは仕事を含めて何にも、関心を持ってさえいけない。自分だけに誠実であることを、母親が求めるからだ。このような男性はだいたい、何かにほとんど害のない関心を抱いただけで罪悪感を持つか、母親に背くことができないために誰に対しても忠実でいられない〝裏切り者〟タイプへと成長する。

次は母親への固着に特有な夢の例である。

(1) ある男性の夢。彼が一人で浜辺にいると、年配の女性がやってきて彼に笑いかけた。彼女は自分の乳を飲んでいいと言う。

(2) ある男性の夢。力強い女性に捕まえられ、深い峡谷に押し出される。彼は落ちて死ぬ。

(3) ある女性の夢。彼女はある男性と会っている。そのとき魔女が現れて彼女は深い恐怖をおぼえる。男が銃を取って魔女を殺す。彼女は見つかるのを恐れて逃げる。
男にもついてくるよう合図する。

これらの夢に説明は不要だろう。一つめの大きな要素は、母親に抱きしめてもらいたいという願望であり、二つめは全能の母親に破壊される恐怖。三つめは女性の夢で、もし自分が男性と恋をしたら母親(魔女)に殺され、そこから逃れるには母親が死ぬしかない。

しかし父親への固着はどうだろうか? 男にも女にもそうした固着が存在するのは疑いようがない。女性の場合は、性的欲望と混在することもある。それでも父親への固着は、母親―家族―血縁―大地への固着と同じ深さには至らないように思える。もちろん特別なケースでは、父親自身が母親的な存在になることもあるが、通常その役割は母親とは違っている。子どもが生まれてから何年か、子どもに乳をやり、保護されているという感情を与えるのは母親であり、その感情が母親に固着する人の永久に続く願望の一部となる。子どもの生命は母親次第である――母は生を与えることも奪うこともできるのだ。母たる存在は生を与えるものであると同時に生を破壊するもの、愛される者であり恐れられる者である。(45) 一方、父親の役割は違っている。父は人間がつくった法と秩序、社会原則、義務を象徴し、罰や報奨を与える存在である。彼の愛は条件付きで、求められたことを行なうことで得られる。その理由から、父親との結びつきを持つ人は、父親の意志に従うことで容易にその愛を得ることができる。しかし完全に無条件の愛、確実性と保護を与えられているという多幸感は、父と結びついている人の経験にはめったに存在しない。[46]また父親中心の人に深い退行が見られることも少ない。この点についてはこれから、母への固着に関連させて説明していく。

もっとも深いレベルの母親への固着は、近親相姦的共生である。共生とはどういう意味だろう。共生にはさまざまな程度があるが、ある一つの要素が共通して存在している。共生的に結びついている人は、〝宿主〟である共生相手の重要な部分だということである。その人なしでは生きられず、関係が危機に瀕すると、非常に強い不安と恐怖を感じる（統合失調症に近い患者だと、分離によって分裂や崩壊が引き起こされる可能性がある）。その人なしに生きられないといっても、宿主である人と物理的に常に一緒にいるというわけではない。めったに相手に会わないこともあるし、宿主である人物が死んでいる場合もある（このようなケースでは、共生は、〝祖先崇拝〟として一部の文化で制度化されているようなかたちをとることもある）。その絆は本質的に感情的な幻想なのだ。共生的に結びついている人にとっては、自分と宿主である人との間に明確な一線を引くことは、不可能ではないにしろ、きわめて難しい。彼は相手と一体であり、その一部であり、彼女と混ざり合っているように感じる。共生のかたちが極端になるほど、二人が別個の人間であるという明確な認識ができなくなる。この認識の欠落は、より深刻なケースにおいて、宿主に対する共生的な結びつきを〝依存〟と呼ぶことがなぜ誤りなのかという理由も説明してくれる。〝依存〟とは、二人の人間の間にはっきりとした区別があるという前提のもと、一方が他方に頼りきることをいう。共生的な関係では、共生的に結びついた人が、宿主である人間に対して、自分のほうが優れていると感じることもあるし、劣っていると感じることも、あるいは対等であると感じることもあるが、離れることはできない。おそらくこの共生的な結合をたとえるのにいちばん適しているのは、母親と胎児の関係だろう。胎児と母親は二つでありながら一つでもある。(47)また双方が互いに共生的に結びついていることも珍しくない。この場合、それは二人精神病《フォリアドゥ》であり、自分たちが精神病であることに気づかない。二人で共有する世界が二人にとっての現実をつくるからだ。過度に退行した形態の共生では、無意識の願望は実際に子宮に戻ることである。この願望は象徴的に、海で溺れるという願望（あるいは恐怖）や、地球に飲み込まれる恐怖として現れることがよくある。それは個としての自分を完全に失い、ふたたび自然と一体になりたいという願望である。その結果として、深い退行欲求は、生きたいという願望と対立する。子宮にいるということは、生から離れたところにいるということだ。

私がこれまで言おうとしてきたのは、母親との結びつきは、母の愛を求める願望と

その破壊性への恐怖のどちらも、フロイトが性的欲望に基づくと考えていた〝エディプス的結びつき〟よりはるかに強力で根本的なものだということである。しかし意識的な知覚と無意識の現実との相違から生じる問題が一つある。男性が母親への性的欲望を思い出したり想像したりすると、抵抗しなければならないという困難に直面するが、性的欲望の性質を知っている以上、彼の意識が気づくことを避けようとするのは、欲望の対象だけとなる。それはここで論じている共生的固着とはまったく異なっている。後者では、幼児のように愛されたいと願い、独立心を失い、ふたたび乳房を吸い、母の子宮に戻りたいとさえ思う。これらは「愛」「依存」「性的固着」という言葉ですべてを表現できるものではない。これらの言葉はすべて、その背後にある経験の力と比較するとあまりに弱々しい。「母親への恐怖」についても同じことが言える。ある人を恐れるということが何を意味するかは誰もが知っている。その人は自分を叱ったり、侮辱したり、罰したりするかもしれない。私たちはそうした経験を経て、多少の勇気を持ってそれに立ち向かった。しかしライオンが待ち構える檻に押し込まれたり、

へビがたくさんいる穴に投げ込まれたらどんな気持ちになるか、私たちは知っているだろうか？　自分が無能であると宣告されたときに感じるであろう恐ろしさを表現できるだろうか？　しかしこれこそまさに、母親への〝恐怖〟が持つ性質なのだ。私たちがここで使っている言葉では、無意識の経験にまでなかなか届かないため、依存や恐怖について、本当にどういう意味なのかを知らないまま話をしていることが多い。実際の経験を説明するのにふさわしい言語は、神話や宗教における夢や象徴の言語である。もし私が海で溺れる夢（恐怖と無上の幸福が入り混じった感情をともなう）をみたら、あるいは私を食い殺そうとしているライオンから逃げようとしている夢をみたら、私は本当に経験していることに対応する言語で夢をみているのだ。日常の言語は、当然ながら、自分で気づくことができる経験に対応している。もし自分の内部の現実にまで入り込もうとするならば、ふだんの言語を忘れ、忘れられた象徴的言語で考えるように努めなければならない。

　近親相姦的固着の病理が退行のレベルに依存していることは明らかである。ほとんど害のない良性のケースでは、女性にやや依存しすぎる、あるいは女性を恐れるといった性質があるくらいで、病気とは言いがたい。退行のレベルが深まるにつれて、依存と恐怖心のどちらも強くなる。もっとも極端なレベルでは、正常な生活をおくれなくなるほど依存と恐怖心が強くなる。退行の深さに左右される病理的要素は他にもある。近親相姦的固着はナルシシズムと同じように、理性や客観性とは相いれない。もし私がへその緒を切れなかったら、確実さと保護を与えてくれる偶像崇拝を続けたら、その偶像は聖なるものになり、それに対する批判は許されなくなる。もし〝母〟に間違いがないとしたら、〝母〟と対立したり、非難されたりしている人を、どう客観的に判断できるだろう？　固着の対象が母親ではなく家族、国家、民族の場合、このようなかたちで判断に支障をきたしていることが見えにくくなる。そのような固着は美徳とみなされており、とりわけ国家や宗教への強い固着は、いとも簡単に偏って歪んだ判断へとつながる。そのような判断が真理であると受け取られるのは、その判断を同じ固着を持つすべての人が共有しているからにほかならない。

理性がねじまげられることに次いで重要な近親相姦的固着における病理的特徴は、他人を完全な人間として経験できないということである。人間であると感じられるのは、血を分けた親族や同じ土地に住む人だけだ。〝異邦人〟は野蛮人である。その結果、私自身も自分にとって〝異邦人〟であり続ける。なぜなら血で結びついた集団が共有する不完全なかたちでしか、ヒューマニティを経験できないからだ。近親相姦的固着は愛する能力を――その退行の度合いに従って――損ね、破壊する。

近親相姦的固着の三つめの病理的徴候は、独立心や道義心との葛藤である。母親や部族に結びついている人は、自分自身であることも、自分に確信を持つことも、何かに打ち込むことも自由にできない。世界を受け入れることも、抱擁することもできない。そういう人は常に、母親的な民族や国家や宗教への固着に囚われている。人は自分をあらゆる形態の近親相姦的固着から解放するレベルに到達してはじめて完全な人間として生まれ変わり、自由に前へ進んで本来の自分になることができる。

近親相姦的固着はふつうそのように認識されることはなく、理性的に思えるよう合理化される。強く母親に結びついている人は、その近親相姦的結びつきをさまざまな方法で合理化する。母に仕えるのが自分の義務だ。母は自分のために尽くしてくれた。自分が生きているのは母のおかげだ。母はとても苦しんでいる。母は実にすばらしい人だ。固着の対象が母ではなく国であっても、合理化のしかたは同じである。その中心にあるのは、すべて国のおかげである、あるいはこの国は他に類をみないすばらしい国だという考えだ。

要約すると、母親的な人物、あるいはそれに相当するもの——血族、家族、部族——と結びついたままでいようとする性質は、すべての男女が生来的に持っている。それは常に反対の性質——生まれ変わり、進歩し、成長すること——と対立している。

通常の発達では、成長する性質が勝利する。病理学的に深刻な患者では、共生的な結びつきへの退行傾向が勝り、その人はほぼ全面的に無力化されてしまう。近親相姦的欲望がどんな子どもにも見られるというフロイトの考えは正しい。しかしこの概念が持つ意味は、フロイト自身の仮説を超越している。近親相姦的願望は根本的に性的欲望の結果ではなく、人間のもっとも基本的な性質の一つをつくりあげている。自分が生まれたところと結びついたままでいたいという願望、自由であることへの恐怖、自分を無力化し、独立心を明け渡している、まさにその対象によって破壊されるという恐怖である。

ここからは、これまで述べてきた三つの性向の相互関係を比較してみたい。それほど深刻な症状が現れていない場合、ネクロフィリア、ナルシシズム、近親相姦的固着はそれぞれまったく異なり、一人の人間がそのうちの一つの性向だけを持ち、他は共存していないことも多い。また悪性でなければ、これらの性向が、理性や愛する能力をすっかり奪い去ってしまうことはない（その例として、私はフランクリン・D・ルーズヴェルトをあげたい。彼はほどほどに母親に固着し、ほどほどにナルシシスティックで、おおいにバイオフィリア的な（生を愛する）人物だった。ヒトラーがほぼ全面的にネクロフィリア的で、ナルシシスティックで、近親相姦的固着を持っていたのとは対照的だ）。しかしこれら三つの性向は、悪質なものになるにつれて一つに収束していく。まず近親相姦的固着とナルシシズムはきわめて類似している。人が母親の子宮や乳房から完全に離れないうちは、自由に他人と関わったり、愛したりすることはできない。その人と母親は（一体として）ナルシシズムの対象なのだ。それがもっともよくわかるのは、個人のナルシシズムが集団のナルシシズムへと変容したときであり、そのとき近親相姦的固着はナルシシズムと混ざり合う。この特殊な混合によって、すべての国家、民族、宗教、政治への狂信の力と非合理性を説明できる。

もっとも原初的なかたちの近親相姦的共生とナルシシズムは、ネクロフィリアによって結びつけられる。子宮や過去に戻りたいという願望は、同時に死と破壊の願望でもある。極端なかたちのネクロフィリア、ナルシシズム、近親相姦的共生が混ざり合うと、私が〝衰退のシンドローム〟と呼んだものになる。このシンドロームを示す人は真に悪であり、生と成長に背を向け、死と不能を愛好している。この〝衰退のシンドローム〟を示す具体例がヒトラーである。前述したとおり、彼は死と破壊に心の底から惹かれていた。非常にナルシシスティックな人物で、彼にとって唯一の現実は自分の願望と思考だけだった。そして彼はきわめて濃密な近親相姦的固着を持っていた。彼と母親との関係がどうであれ、彼の近親相姦的固着は、主に自分と同じ血が流れる民族への狂信的な愛着に表れていた。彼は、民族の血が汚されるのを防ぐことでドイツ人を救済するという考えにとりつかれていた。『我が闘争』で表明したように、まずその血を梅毒から守る。第二に、ユダヤ人に汚されないようにする。ナルシシズム、死、そして近親相姦的固着の混合は死を招く組み合わせであり、ヒトラーのような人物を人類と生の敵にしてしまう。この三つの性質について簡潔に説明しているのが、リチャード・ヒューズの『屋根裏部屋の狐』である。

結局のところ、ヒトラーの一元的な〝私〟が、何の犠牲も払わずに、性の行為に屈したのだろうか。その行為の本質は一人の〝他人〟を認めることであるというのに。自分は宇宙にただ一つの感情の中心であり、過去も現在もそこに内包されている唯一の本物の「意志」の具現であるという、彼の堅固な確信がゆらぐことはなかったのだろうか。当然、これは彼の高貴な内部の〝力〟を正当化するものであった。ヒトラーは一人だけで存在していた。「私はここにいる。並ぶものはいない」。宇宙には彼以外の人間はおらず、物だけがある。そのため彼にとって、〝人称〟代名詞にはふつうの情緒的な意味が欠けていた。そのためヒトラーの構築と創造の活動は壮大で果てのないものになった。この建築家志望の青年が政治家への転身に苦労しなかったのは、取り扱う対象に区別があるとはほとんど思っていなかったからだ。つまりこれらの〝人間たち〟はただ彼をまねている〝モノ〟であり、他の道具や石と同じカテゴリーに属していた。すべての道具には把手があり、それは耳と一致する。そして石を愛したり憎んだり憐れんだり（真実を話したり）するのはばかげている。

当時のヒトラーは、人格的にめったにない病的な状態だった。彼の自我（エゴ）にはほぼ陰影がなかった。めったにない病的な状態とはつまり、そのようなエゴが臨床的には正常な成熟した人間の知性に残っていることが異例であるということだ（新生児ではごくふつうであり、幼児になっても残っていることはある）。大人としての、、、、ヒトラーの〝私〟は、より大きいが未分化の構造へと発達した。それは悪性の成長と同じである……。

さいなまれ、狂気に陥った存在は、ベッドの上でのたうった……

『リエンツィ』を観た夜、オペラが終わったあと、フラインベルクからリンツをのぞんだあの夜こそ、彼の少年時代の絶頂だった。あのとき初めて彼はひとり、自らの内にある無限の力を確認した。暗闇のなかを何かにかりたてられるように高台に上ったとき、一瞬のうちにすべての地上の王国を見せつけられたのではないか？

そしてそこで古くからの真実についての問題に直面し、全存在が承認されたのではないか？　十一月の星空のもと、山の高みで、永遠の契約を交わしたのではなかったのか？　しかし今は……彼がリエンツィのように波頭に乗っているように見えたとき、逆らいがたい波が圧倒的な力をもって彼をベルリンへと運ぶはずだったのだが、波頭がうねり始めた。それはうねり、砕け、彼に襲いかかり、とどろく緑色の水の深みへと引きずりおろした。

ベッドの上で必死にのたうち回りながら、彼はあえいだ。彼は溺れかけていた（ヒトラーがいちばん恐れていたことだ）。溺れる？　それは――ずっと昔、少年のころリンツでドナウ川に架かる橋の上でふらふらしていた、いまにも自殺しそうな瞬間……やがて、メランコリックな少年はその昔の日々を飛び越える。その後のすべては夢だった。そしてそのときの音は、溺れながら夢みている彼の耳に聞こえていた力強いドナウの流れだった。

水の緑色の光のなかで、死人の顔が上を向いて彼に向かってきた。それは彼自身と同じ少しふくらんだ目を開けたままの死人の顔。彼が最後に見た、死んで白い枕に寝ていた、白んだ目を開いたままの母の顔。死んで、青白く、彼への愛さえもうつろだった。

しかしその顔がいくつにも増えて、水のなかで彼を取り巻いた。彼の母はこの水だった。その水が彼を溺れさせている！

それに気づいて彼は暴れるのをやめた。彼は膝を顎のところまで引き寄せて胎児の姿勢を取り、そのまま溺れるにまかせた。

そうしてヒトラーはようやく眠りについた(48)。

この短い文章のなかに、〝衰退のシンドローム〟の要素すべてが、偉大な作家にしかできないやり方でまとめられている。ヒトラーのナルシシズム、溺れたいという切なる願望――水は母親――、そして死んだ母親の顔に象徴される、死への親近感が読み取れる。子宮への回帰は、膝を顎に寄せる胎児のポーズに象徴されている。

ヒトラーは〝衰退のシンドローム〟の顕著な一例にすぎない。暴力、憎しみ、人種差別、ナルシシスティックな国家主義によって出世する人々には、このシンドロームを示す者が多い。そういう人々は、暴力や戦争、破壊の指導者、あるいは〝真の信奉者〟である。そのなかで自分の真の目的をあからさまに表に出し、さらに意識の上でそれに気づいてさえいるのは、特に偏っていて病的な人間だけである。彼らは自分たちの性向を愛国心や義務、名誉として正当化しようとする傾向がある。しかしひとたび正常な市民生活が戦争や内戦で破壊されてしまうと、そのような心の奥底に眠っていた欲望を抑える必要はなくなる。憎しみを讃える歌を歌い、生き生きとして、死に仕えることが可能になったとき、すべてのエネルギーを解放する。戦争と暴力の雰囲気こそ、〝衰退のシンドローム〟を示す人々が本来の自分になれる状況なのだ。このシンドロームにかりたてられる人々は少数派だろう。しかし彼らも、あまりかりたてられない人も、本当の動機に気づいていないという事実によって、すべて危険な伝染病の保菌者ということになる。その病気とは闘争、対立、冷たい戦争や熱い戦争における憎しみである。だからこそ、彼らの本性をきちんと認識しなくてはならない。つまり死を愛し、独立を恐れ、自らが属する集団の欲求のみを真実とする者だ。彼らを（ハンセン病患者にしたように）実際に隔離する必要はない。正常な人々が彼らのまことしやかな正当化の裏にある、衝動の欠陥と悪質さを理解すれば十分である。そうすれば正常な人は、彼らの病的な影響に対し、ある程度の免疫をつけることができるだろう。そのためには、当然、あることを学ばなければならない。彼らの言葉を真実と受け取らないこと、そして人間しかかからない病気――生が尽きる前に生を否定すること――を患った人間の、偽りの正当化を見抜くことである。[49]

私たちのネクロフィリア、ナルシシズム、近親相姦的固着についての分析から、ここで示されている見解とフロイト理論との関連を比較検討することが必要と思われるが、この本の趣旨から、それは簡潔なものにならざるを得ない。

フロイトの考え方は、ナルシシズムから口唇受容、口唇攻撃、肛門加虐、男根あるいは性器的性格へという、リビドーの発達の進化スキームに基づくものだった。フロイトによれば、精神疾患でもっとも重症なのはリビドーの発達のもっとも初期段階への固着（あるいは退行）によるものだ。たとえば、口唇受容期への退行は、肛門加虐期への退行よりも深刻と考えられる。けれども私の経験では、この一般原則は臨床的な観察から生まれたものではない。口唇受容期的性向それ自体は、肛門期的性向よりも生に近い。そのため一般的に、肛門期への退行は口唇受容期への退行よりも重い病理につながりやすいと言える。さらに口唇攻撃期的性向は、サディズムと破壊性がそこに備わっているため、口唇受容期的性向より重い病理につながると思われる。したがって、私たちはフロイトの体系とはほぼ正反対の結論に達する。病理がもっとも軽いのは口唇受容期への退行、それより重いのが口唇攻撃期、さらに肛門加虐期への退行と続く。発生学的に見て、発達の順序は口唇受容期、口唇攻撃期、肛門加虐期であるというフロイトの所見は正当と思われるが、初期段階への固着のほうが病理的に深刻であるという意見には反対せざるを得ない。

いずれにしても、早期段階への退行がより重い病理の現れの根源であるという進化仮説では、問題を解決できないと私は思っている。どの段階に見られる性向にも、正常な状態からもっとも原初的な病理的状態まで、さまざまなレベルの退行がある。たとえば口唇受容期的性向は、全体的に成熟した性格構造、つまりとても高い生産性と組み合わされれば、軽度ですむこともある。逆に強度のナルシシズムや近親相姦的固着と組み合わされる場合もある。その場合、口唇受容期的性向は、極端な依存と悪性の病理となるだろう。同じことはネクロフィリア的性格と比較したとき、正常に近い肛門性格についても言える。そのため私は、リビドーの発達のさまざまなレベルではなく、それぞれの性向（口唇受容期、口唇攻撃期など）のなかで決定される退行の度合いによって病理を判断することを提案する。さらに頭に留めておかなければならないのは、私たちはフロイトがそれぞれの性感帯に根ざしていると考える性向（同化の様式）だけでなく、それとある程度の類似性を持つ、個人的な関係性（愛、破壊性、サディズム、マゾヒズム）にも対応しているということである。[50] そうなると、たとえば口唇受容期と近親相姦的性向、肛門期と破壊的性向の間には類似性がある。本書では類似性の様式ではなく、関係性（ナルシシズム、ネクロフィリア、近親相姦的性向――社会性の様式）の領域を扱っている。しかしこれら二つの性向の様式にはある相関関係がある。ネクロフィリアと肛門性格の類似性において、この相関関係は本書でも詳しく述べてきた。それはバイオフィリアと〝性器的性格〟の間にも、近親相姦的固着と口唇期的性格の間にも存在している。

私はこれら三つの性向はさまざまなレベルの退行において起こることを示そうとしてきた。それぞれの性向での退行が深くなればなるほど、三つは一点、つまり極度の退行状態へと収束して、いわゆる〝衰退のシンドローム〟を形成する。反対に最適なかたちの成熟に達した人の場合にも、この三つの性向は収束する傾向があるようだ。ネクロフィリアの反対はバイオフィリアであり、ナルシシズムの反対は愛であり、近親相姦的共生の反対は独立と自由である。これら三つの性質を合わせたシンドロームを、私は〝成長のシンドローム〟と呼ぶ。次の図はこの概念を図式で示したものだ。

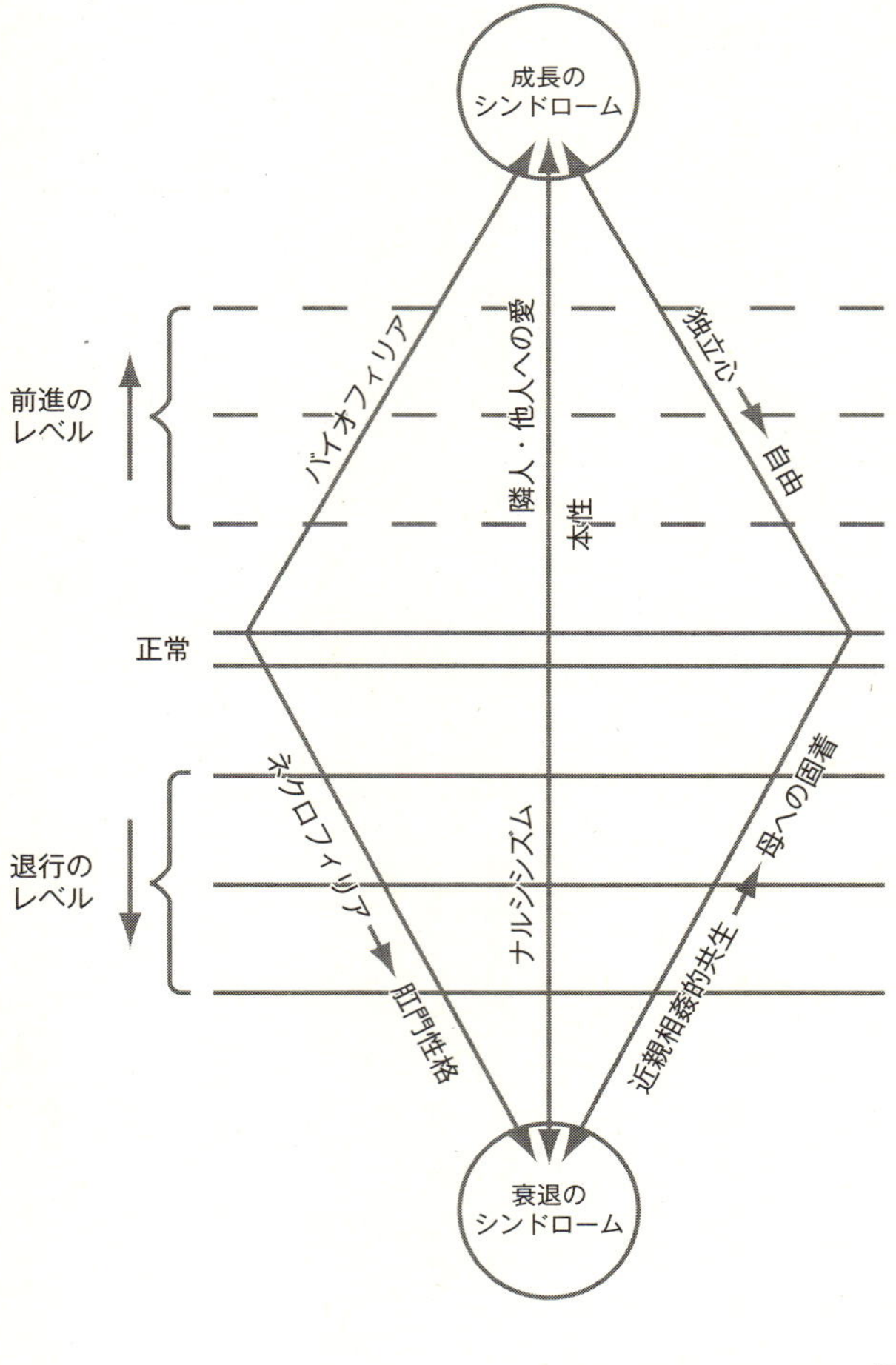

成長の
シンドローム
前進の
レベル
バイオフィリア
隣人・他人への愛
本性
独立心
自由
正常
退行の
レベル
ネクロフィリア
肛門性格
ナルシシズム
近親相姦的共生
母への固着
衰退の
シンドローム

第六章　自由、決定論、二者択一論

これまで破壊性と暴力に関する経験的な問題を論じてきて、そろそろ第一章で未解決のままになっていることに取り組む用意ができたのではないかと思う。その問題をふたたび考えてみよう。人間は善なのか悪なのか。人は自由なのか、それとも周囲の状況が行動を決めるのか。またはそのような二者択一は間違いで、これもあれもなし、なのだろうか。あるいは、これもあれもあり、なのだろうか。

これらの問いに答えるには、もう一つ別の問題についての議論から始めるのがいちばんいいだろう。人間の本質《エッセンス》、あるいは生来の性質は、理解できるものなのだろうか。もしできるなら、それをどう定義することができるだろうか。

人間の本質を語れるかどうかという問題については、二つの正反対の見解があることがすぐにわかる。人間の本質などというものはないと言う人もいる。この見解は人類学的相対主義によって支持されている。それは、人間はその人をかたちづくった文化パターンの所産にすぎないとする立場である。一方、本書でとりあげた破壊性についての経験的議論は人間の生来の性質は存在するという見地に立っており、フロイトをはじめ他の多くの人に支持されている。それどころか動態的心理学はすべてこの説に基づいている。

　人間の生来の性質について納得のいく定義を見つけるのが難しい原因は、次のジレンマにある。人間の本質をつくる実体があると仮定すると、人間は出現した瞬間から基本的に変化はないという、非進化論的、非歴史的な立場をとらざるを得ない。そのような見解は、もっとも古い未開の先祖と、過去四千年から六千年の間に現れた文明人との間に大きな違いが見られるという事実と一致しないのだ。[51] 逆に進化論的な考え方を受け入れ、人間は絶えず変化していると信じるならば、人間の〝生来の性質〟とか〝本質〟の中身として何が残されているかが問題になる。このジレンマはまた、人間は政治的な動物である（アリストテレス）、約束できる動物である（ニーチェ）、先見の明と想像力によって生産を行なう（マルクス）といった〝定義〟では解決できない。こうした定義は人間の本来的な素質を表現しているが、人間の本質については言及していない。

私は、このジレンマは人間の本質をある性質や実体ではなく、人間という存在に内在する矛盾と定義することで解決できると考える。[52] その矛盾は次の二つの事実に見いだせる。(1)人間は動物だが、その本能的な技能は他のすべての動物と比較しても不完全で、それだけでは生存が保障されないため、物質的ニーズを満たす手段を生み出し、言語と道具を発達させた。(2)人間には他の動物と同様に知性があり、直接的、実際的な目的を果たすために思考過程を使うことができる。しかし人間にはもう一つ、動物にはない精神的な特質が備わっている。人は自分自身を知り、自分の過去や未来、つまり死を自覚している。また自分の小ささや無力さもわかっている。他者を他者——友人、敵、未知の人——として認識している。人は他のすべての生物を超越しているが、それは自らを意識できた最初の生物だからである。自然のなかで人間はその支配力や災難に左右されるが、動物を自然の一部たらしめる無意識性に欠けているために、自然を超越するのだ。人間は自然に囚われながら、自らの思考では自由であるという、驚くべき矛盾に直面する。自然の一部でありながら、自然の気まぐれでできた変わり種でもある。こちらにもあちらにもいない。人間は自己認識を持つために、世界のなかのよそ者となり、孤立し、孤独で、おびえることになった。

これまで説明してきた矛盾は基本的には、人間は身体であり精神である、天使であり動物であるといった、互いに矛盾する二つの世界に属しているという古典的な見解と同じである。私がいま指摘したいのは、この葛藤を人間の本質——つまりそれがあるために人間が人間になるもの——とみなすだけでは十分ではないということだ。この説明の範囲を越え、人間の葛藤そのものが解決を強く求めていると認識することが必要である。葛藤についての記述から、ある疑問がすぐに生じる。自分の存在に内在するこの恐怖を克服するために何ができるだろうか。調和を見いだし、孤独という苦しみから解放され、世界に安住し、一体感を得るために何ができるだろうか。

これらの問いに対して出すべき答えは、理論的なものではなく（ただそれは生についての考えや理論に反映されるが）、自分の全存在、感情と行動である。よい答えも悪い答えもあるだろうが、たとえ最悪な答えであろうと、何もないよりはましである。ただしどんな答えであれ、満たさなければならない条件が一つある。つまり、分離されているという感覚を乗り越え、連帯感、一体感、所属しているという感覚を得ることを助けるものでなければならない。この問いは人間として生まれてきたという事実からの問いかけであり、それに対する答えは数多くあるだろう。私はこれからしばらく、そのことについて簡潔に説明していくが、ここでもう一度、これらの答えはどれも人間の本質をなすものではないということを強調しておきたい。本質をなすものは問題それ自体であり、答えを出す必要性そのものである。人間存在のさまざまな形態は本質ではなく、それ自体が本質である葛藤に対する答えなのだ。

分離を乗り越えて一体化するという目的を果たすための第一の答えを、私は退行的な回答と呼ぶ。人間が一体感を見いだしたいと思うとき、孤独と不確実性という恐怖から解放されたいとき、自然や動物的な生活や先祖のところなど、自分が来たところへと戻ろうとするかもしれない。自分を人間たらしめると同時に苦しめるもの——たとえば理性や自意識を捨てようとするかもしれない。何百年も何千年も、人間はそれを繰り返してきたように思える。原始的な宗教の歴史はその試みを証明しているし、個人に見られる重い精神障害も同様である。動物的存在や前個体化への退行、人間特有のものを切り捨てようとする試みなど、かたちはどうあれ、原始宗教にも個人的な心理にも重い病理が見られる。しかし、これらの記述を一つの意味に限定しなくてはならない。多くの人が原始的な状態に退行するようになると、万人精神病《フォリアミリオン》とでも言うべき現象が現れる。多数の人が同意するという事実によって、愚行が賢明な行動に、虚構が現実になる。この広がる愚行には、完全なる孤立や分離といった感覚がない。そのため進歩的な社会で経験する強烈な不安を感じずにすむ。大半の人にとって、理性や現実とは世論にすぎないということを覚えておかなければならない。他人の心が自分の心と違わないなら、「正気を失う」ことは決してないのだ。

人間の存在、人間であることの重荷という問題についての、退行的、原初的な解決法に代わる、もう一つの解決法は前進的解決法である。これは退行ではなく、人間的な力、内なるヒューマニティを最大限発達させることによって、新たな調和を発見する方法である。前進的解決法が根源的なかたちで初めて現れたのは紀元前一五〇〇年から紀元前五〇〇年という、人類史上、特筆すべき時代だった（原初的・退行的宗教からヒューマニズム宗教への転換期に生まれた宗教は数多くある）。エジプトでは紀元前一三五〇年ごろにイクナートンの教えとして、それと同じころ、ヘブライ人の間ではモーセの教えとして現れた。紀元前六〇〇年から紀元前五〇〇年ごろに、中国では老子、インドでは仏陀、ペルシャではゾロアスター、ギリシャの哲学者たち、またイスラエルの預言者たちにより、同様の思想が広められた。そこでは、人間の新たな目標、つまり完全に人間らしくなって失われた調和を取り戻すという目標が、異なる概念と象徴で表現されている。イクナートンにとって、その目標は太陽が象徴していた。モーセにとっては歴史上の知られざる神がそれに当たり、老子はそれを道と呼んだ。仏陀は涅槃を、ギリシャの哲学者たちは不動の動者を、ペルシャ人はゾロアスターを、預言者は救世主の「世界の終末」を、その象徴とした。これらの概念の大部分は思考様式によって、そして最終的には生活習慣とそれぞれの文化の社会経済的・政治的構造によって決められる。しかし新しい目標が表現される独特のかたちはさまざまな歴史的な状況によって変わるものの、本質的には同じものである。つまり生が提示する疑問に正しい答えを出すことで、人間の存在についての問題を解決すること、人間が完全に人間となり、分離の恐怖を取り除くことである。キリスト教がその五百年後にヨーロッパへ、イスラム教が千年後に地中海諸国へと、この考え方をそれぞれ持ち込むことによって、世界の大部分がその新たな神託を知ることになった。しかしその神託を聞くとすぐに、人々は解釈をねじまげるようになった。自らが完全な人間になるのではなく、神と教義を〝新たな目標〟の現れとして偶像化し、像や言葉を自らの経験による現実に置き換えたのだ。それでも人間は何度も何度も真の目標へ立ち返ろうとした。その試みは宗教、異端の宗派、新たな哲学思想、政治哲学のなかに表れた。

それらの新しい宗教や運動の思想概念は違っていても、基本的な二者択一の考え方は共通している。人間は二つの可能性、つまり退行か前進かのどちらかを選ぶしかない。原初的かつ病理的解決に戻るか、前に進んでヒューマニティを発展させるかである。この二者択一については、さまざまなかたちで系統的に説明されている。光と闇(ペルシャ)、祝福と呪い、生と死(旧約聖書)。また社会主義者による、社会主義とバーバリズムという表現もある。

このような二者択一はさまざまなヒューマニズム宗教だけでなく、精神的に健康な状態と病気の状態の基本的な違いとしても現れる。健全であると言われる人は、その文化の一般的な枠組みに従っている。古代テウトネス族の勇猛な戦士にとって、〝健全〟な人間とは野獣のようにふるまえる者だった。いまの時代なら、そんな人は精神病と診断されるだろう。原初的なかたちの精神的経験――ネクロフィリア、極端なナルシシズム、近親相姦的共生――はすべて、退行的・原初的文化のなかでは、どのようなかたちであれ、〝正常〟あるいは〝理想的〟なものの要素となっていたが、それは人間が共通の原初的な衝動で結びついていたからで、現在では深刻な精神病理とみなされる。それほど重篤でなければ、対抗する力が働くと、これらの原初的な力は抑圧され、その結果〝神経症〟となる。退行的な文化と前進的な文化における重大な違いは、退行的な文化のなかで原初的な性向を持つ人は孤独感を持たず、逆に周囲の合意を得られていると感じるが、前進的な文化のなかでは逆になるという点にある。他のすべての人と考えが違うので「頭がおかしくなる」のだ。本当のことを言えば、現在のような前進的な文化においても、大勢の人がかなり強い退行的傾向を見せているが、ふだんの生活では抑圧されていて、戦争のような特殊な状態でしか出現しない。

これらの考察から、最初にとりあげた問題について何がわかるかまとめてみよう。第一に、人間の生来の性質という問題について、私たちは人間の生来の性質、あるいは本質は、善や悪といった特定の実体ではなく、人間存在の条件そのものに根ざす矛盾であるという結論に達した。この葛藤そのものが解決策を必要としているが、基本的には退行的解決法か、前進的解決法かのどちらかしかない。前進への内的衝動としてときどき現れるものは、新しい解決策をさがすための原動力にほかならない。人間はどんな段階に到達しても新しい矛盾が現れるので、新しい解決策を見つけるという課題に取り組み続ける。この過程が、完全な人間になり世界と全面的に一体化するという最終目標を果たすときまで続く。貪欲と葛藤が消滅した（仏教の教えのような）完全な〝悟り〟という最終目標に到達するのか、またそれは（キリスト教の教えによれば）死後にはじめて可能なのかは、ここで論じることではない。大切なのは、ヒューマニズム宗教は哲学的な教えであり、〝新たな目標〟は同じもので、人間はそこにどんどん近づいて到達できるという信念によって生きているということだ（一方、退行的な解決策をさがすときは、完全な非人間化を求めざるを得ず、狂気と変わらない状況になる）。

人間の本質が善でも悪でもなければ愛でも憎しみでもなく、新たな解決が必要な矛盾であり、その解決がまた新しい矛盾を生むというのなら、このジレンマを解消する答えは、たしかに退行的か前進的かのどちらかの方法しかない。近年の歴史にはこの例が数多くある。何百万人ものドイツ人、特に金も地位も失ってしまった下層中産階級が、ヒトラー主導のもと、祖先の古代テウトネス族の〝獰猛な戦士（ベルセルク）〟崇拝へと回帰した。スターリン政権下のロシア、日本の南京〝大虐殺〟、合衆国南部の暴徒によるリンチなど、同じことが他でも起こっていた。大多数の人々にとって、原初的なかたちの経験は常に現実的な可能性を持つものだ。いつでも出現する可能性があるのだ。しかし出現するときの二つのかたちを区別する必要がある。一つは、強烈な原初的衝動が維持されていたが、その文明の文化的パターンに反するため抑圧されていたとき。この場合、戦争、自然災害、社会的分裂のような特殊な状況になると、すぐにたがはずれ、抑圧されていた原初的衝動が噴出する。もう一つの可能性は、ある人、あるいは集団の成員が前進的な段階にまで発達し、そこで固定化しているときである。この場合、前に述べたような心身を傷つける出来事があっても、すぐに原初的衝動が生まれることはない。それは抑圧されているのではなく、置き換えられているからだ。ただそうであっても、完全に消えてしまったわけではない。たとえば強制収容所に長期にわたり閉じ込められているとか、体内で何らかの化学的プロセスが生じたといった異常な環境では、人の精神体系がまるごと崩壊し、原初的な力が新たな強さを持って押し寄せてくるかもしれない。もちろんこの両極――抑圧された原初的衝動と、それに完全に取って代わった前進的性向――の間には、無数の小さな相違がある。その比率は、人によって、また原初的性向の抑圧に対する自覚の度合いによって違ってくるだろう。退行ではなく前進的性向の発達によって、原初的な側面が完全になくなり、そこまで退行する力さえ失う人がいる。同じように、前進的性向を発達させるすべての可能性を完全に破壊されて、選択の自由――この場合は進歩するという選択――まで失ってしまった人もいる。

ある社会の一般的風潮が、個人の二つの側面の発達に大きな影響を与えることは言うまでもない。しかしここでも個人が社会的な性向のパターンと大幅に違っていることもある。すでに指摘したとおり、現代の社会には、意識の上ではキリスト教や啓蒙思想を信奉しながら、その裏では〝獰猛な戦士〟であったり、ネクロフィリアであったり、バアル神やアスタルテを崇拝していたりする。そういう人が葛藤を経験するとは限らないのは、彼らの前進的な考え方は影響力を持たず、隠されたかたちで存在する原初的な衝動に従って行動しているからである。反対に、原初的な文化のなかにあっても、進歩的な性向を発展させた人々がいたことも多かった。彼らはある環境下では指導者となり、集団の大多数に光をもたらし、社会全体を少しずつ変えていく基礎を築いた。そうした人が偉人となり、その教えが後世に伝わると、預言者や師といった名で呼ばれる。そういう人物がいなければ、人類は原初的な状態の闇から抜け出せない。しかし彼らが人間に影響を与えられたのはひとえに、世の中が進化するなかで、人類が未知なる自然の力から少しずつ自らを解放し、理性と客観性を発達させ、猛獣や使役動物のように生きることをやめたからである。

集団に当てはまることは、個人にも当てはまる。どんな人にも、これまで説明したような原初的な力が潜んでいる。選択の余地がないのは、完全な〝善〟と完全な〝悪〟だけである。ほとんど誰もが、原初的な性向に退行することも、逆に進歩的な人間性を十分に発展させることもできる。前者は重篤な精神疾患であり、後者は病気から自然に回復した、あるいはその人がすべてを自覚し成熟したということである。それぞれの性質が発達するのはどのような条件かを調べたり、さらに好ましい発達を促し、悪性の発達を食い止める方法を考えたりするのは、精神医学、精神分析、そしてさまざまな精神的訓練の仕事である。(53) その方法の説明は本書で扱う内容からははずれているが、精神分析と精神医学の臨床文献に見つけることができる。しかし私たちの問題を考えるにあたって重要なのは、極端なケースは別として、個人や各集団はいつでもきわめて非合理的で破壊的な方向へ退行しうるし、逆に啓蒙的かつ前進的な方向へ進む可能性もあると認識しておくことである。人間は善でも悪でもない。人間が善しか持っていないと信じるなら、事実をばら色に歪曲せざるを得なくなる、あるいは苦い幻滅を味わうことになるだろう。逆に人間は悪であると信じるなら、人は冷笑的になり、他人や自分が持つ多くの善の可能性が見えなくなってしまうだろう。現実的な考え方としては、潜在的にはどちらの可能性も存在すると考え、それぞれを発達させる条件を研究するということになる。

これらの考察は、人間の自由という問題へとつながる。人間はいつでも善を選ぶ自由があるのだろうか。それとも自らの内外の力によって決定づけられているため、そのような自由はないのだろうか。意志の自由については、数多くの書物に書かれているが、この先の内容の導入としては、このテーマについて述べたウィリアム・ジェイムズの次の言葉がもっとも適していると思う。「自由意志に関する論争はもう何年も前に議論が出尽くしているので、新たな論客が現れても、誰もが聞いたことのある陳腐な説を温め直すくらいしかできないというのが通説になっている。しかしこれはひどい間違いだ。私はこれほど古びていない議論を知らないし、意欲的な天才が新しい説を生み出すチャンスに満ちたテーマもないと思っている。それも結論を無理に出したり、同意を強制したりするのではなく、両派の間にある本当の問題は何なのか、運命と自由意志という概念が本当は何を意味しているのかについて、私たちの認識を深めるチャンスである[54]」。私はこれからこの問題についていくつか提言をしようと思うが、それは精神分析の経験が、自由についての問題に新たな光を当て、新しい見方を示してくれる可能性があるという事実に基づいている。

自由を研究する従来の方法では、経験的・心理学的データが使えないために、どうしても一般的で抽象的な言葉で論じる傾向があった。自由が選択の自由を意味するなら、問題は、たとえばAとBのどちらかを選ぶ自由があるかどうかということになる。決定論者は、人間は自由ではないと言う。人間は——自然界の他のすべてのものと同じく——原因によって決められるものだからだ。それは空中を落下していく石に落ちない自由がないのと同じで、人間はある動機によってAかBを選ぶよう決定づけられ、強制され、仕向けられているというのだ[55]。

非決定論者は逆のことを主張する。第一に、宗教を根拠として、神が善と悪のどちらかを選ぶ自由を与えたのだから、人類にはその自由が備わっている。第二に、人間は自由である。そうでなければ自分の行動に責任を持てない。第三に、人間は自由であるという主観的経験を持つ。そのため自由を意識することは、自由が存在する証拠である。とはいえ、これら三つの主張はどれも説得力があるとは思えない。第一の主張には、神への信仰と人類に対する神の計画についての知識が必要となる。第二の根拠は人間に責任を負わせて、罰を与えられるようにするという願望から生まれたもののように思える。罰という概念は、過去も現在も、ほとんどの社会制度の一部になっているが、主に少数派である「持てる者」を多数派の「持たざる者」から保護する手段である（と考えられている）ものに基づいていて、権威者が処罰する力を持っていることを示す象徴でもある。罰を与えたいなら、責任ある者が必要だ。この点について、ショーの言葉を思い出す。「絞首刑は終わった――あとは裁判だけだ」。第三の、選択の自由という意識が自由の存在を証明しているという論は、すでにスピノザとライプニッツによって完全に粉砕されている。スピノザは私たちが自由の幻想を持つのは、欲望を自覚はしていても、その動機に気づいていないからだと指摘している。ライプニッツも、意志の一部は無意識の性向によって刺激されると論じた。実に驚くべきことだが、スピノザとライプニッツ以降のほとんどの議論では、選択の自由の問題を解決するためには、無意識の力が人間を左右することを考慮しなければならないということが認識されていない。そのため私たちの選択は自由であるという幸せな確信を持ったままでいられるのだ。しかしこれらの特殊な反論とは別に、意志の自由についての議論の手法は、日常の経験とは矛盾するように思える。この考えが宗教的道徳家、理想主義の哲学者、さらにはマルクス主義を学んだ実存主義者に支持されようと、それはせいぜい格調高い仮説であるが、個人に対してひどく不公平なために、実はそれほど格調高くもないということになる。物質的・精神的貧困のなかで育った人、誰も愛したり関心を持ったことがない人、長年の飲酒習慣で、飲まずにいられない体になってしまった人、環境を変える可能性がなかった人々が、本当に選択の〝自由〟を持っていると主張できるのだろうか。この意見は事実に反していないのか。思いやりに欠けるのではないか。そして結局のところ、二十世紀の言語で言えば、サルトルの哲学と同じように、ブルジョアの個人主義と自己中心性を映すもので、マックス・シュティルナーの『唯一者とその所有』の現代版ではないか。

　これとは反対の立場をとる決定論は、人間は自由ではなく、どのような決定も、以前起こった内外の出来事を原因としてなされるという主張である。一見、このほうが現実的で合理的に思える。決定論を社会集団や階級に当てはめようと個人に当てはめようと、フロイト派やマルクス主義者の分析は、人間が決定するための本能的、社会的な力にいかに弱いかを示していなかっただろうか。精神分析は、母親への依存を解消できない人間は行動や決断の能力が欠けていること、自分は弱いと感じて母親的な存在にどんどん頼るようになり、やがて後戻りできないところにまで行き着いてしまうことを明らかにしなかったか。マルクス主義の分析は、ある階級——下層中産階級のような——が財産、文化、社会機能を失ってしまえば、そこに属する人々は希望を失い、原初的、ネクロフィリア的、ナルシシスティックな方向へと退行してしまうことを実証しなかったか。

しかしマルクスもフロイトも、因果的決定論の不可逆性を信じるという意味においての決定論者ではなかった。両者とも、すでに始まってしまった行程でも変えられる可能性があると信じていた。この変更可能性は、いわば自分を背後から動かす力に気づく能力に根ざしており、そのために自由を取り戻すことができると理解していた[56]。両者とも——マルクスに大きな影響を与えたスピノザのように——決定論者であり非決定論者でもあったし、決定論者でもなければ非決定論者でもなかった。両者とも、人間は因果律によって決定されるが、自覚と適切な行動によって自由の領域を生み出し、拡大させることができると提唱した。自由の最適条件を手に入れ、必然の鎖から解放されるかどうかは、その人次第である。フロイトにとっての無意識の自覚、マルクスにとっての社会・経済的な力と階級の利害の自覚は、解放の条件だった。またそれに加えて能動的な意志と闘争が解放の条件だった[57]。

もちろん精神分析家はみんな、自分の人生を左右すると思えるような流れを逆転させることができた患者を見てきている。そのような患者はそのときの状況に気づき、一心に努力して自由を取り戻したのだ。しかし精神分析家でなくてもこの経験はできる。自分あるいは他人で同様の経験をした人もいるだろう。因果とされていた鎖が断ち切られ、〝奇跡〟のように見える道をたどった。その道は過去に積み上げてきたものに基づいて形成されると思われる、もっとも合理的な予測に反していたのだ。

意志の自由についての従来の議論において、スピノザとライプニッツによる無意識の動機の発見が、それにふさわしい評価を得られなかったというだけではない。その議論が不毛に見える原因は他にも考えられる。次に私の意見として、特に重要と思われる誤りについて述べておこう。

その一つは、選択の自由を、特定の個人ではなく人間一般の自由として語るのがふつうになっていることである。[58] あとで証明するつもりだが、人間全般の自由について語りだすと抽象的になり、問題を解決しにくくなる。それは選択の自由を持つ人と、失ってしまった人がいるからにほかならない。もしすべての人間に当てはめたら、抽象的に語るか、カントやウィリアム・ジェイムズの主張する意味で、単なる道徳的原理として語ることになる。自由についての従来の議論にみられるもう一つの困難は、特にプラトンからアクィナスにかけての時代の哲学者に顕著だが、善と悪の問題を全般的に論じる傾向にある。まるで人間が〝一般的に〟善か悪かのどちらかを選ぶことができる、そして善を選ぶ自由があるかのようだ。こうした見解が議論をひどく混乱させるのは、一般的な選択肢を前にすると、ほとんどの人間は〝悪〟ではなく〝善〟を選択するからである。しかし〝善〟か〝悪〟かの選択などというものはない。あるのは善なるものへ向かう手段である具体的な特定の行動、そして悪なるものへ向かう手段である行動だけなのだ。ただし善と悪がきちんと定義できればの話である。選択についての道徳的な葛藤という問題が生じるのは、一般的な意味で善か悪かを選ぶときではなく、具体的な決断をしなければならないときなのだ。

従来の議論におけるもう一つの欠陥は、自由か選択の決定かというかたちで論じられるのが一般的で、どちらかへの傾きの程度を考慮しないという点にある。[59] あとで述べるが、自由か決定論かという問題は、実は傾きとそれぞれの強さとの対立の問題なのだ。

最後に、責任という概念の使い方にも混乱がある。責任という言葉は、その人を罰することができる、非難することができるという意味で使われることがほとんどである。その意味では、他人が自分を非難するのを受け入れることであろうと、自分自身を非難することであろうと、大きな違いはない。私に罪があると自分で思えば、私は自分を罰する。他人が私に罪があると思えば、彼らは私を罰するだろう。しかし責任にはもう一つ別の意味がある。それは、罰や〝罪〟とは何の関係もない。そこでの責任とは、単に「私は自分のしたことをわかっている」という意味でしかない。自分の行ないが〝道徳的な罪〟あるいは〝犯罪行為〟として経験されると、それは自分から切り離される。罰を与えられなければならないのは、それをした私ではなく、その〝罪人〟、〝悪者〟、〝他の人〟なのだ。罪悪感や自責の念が、悲しみや自己嫌悪、生の憎悪を生み出すことは言うまでもない。この点についてはハシディズムの偉大な指導者の一人であるゲル派のイツハク・メイアが鮮やかに表現している。

自分がしてしまった悪事を語り反省する者は、自分が犯した悪事のひどさを考えている。そして考えていることに、人は囚われる。自分が考えていることに心の底から完全に囚われてしまった人は、つまり悪事に囚われたままなのだ。その人はきっと変われないだろう。なぜならその人の精神はますますすさみ、心は腐敗し、さらには悲しみの気分に襲われるかもしれないからだ。では、どうすればいいのか。汚物をあれこれかき回してみても、汚物であることに変わりはない。罪を犯していようがいまいが、天国においてそれが何の役に立つのか。私がこんなことに思い悩んでいる間に、天国の喜びのために真珠に糸を通すこともできたのだ。だからこう書いてある。「悪から離れ、善をなせ」。悪と完全に縁を切り、くよくよと考えずに、善を行なえと。悪をなしてしまったら、善をなして釣り合わせよ。[60]

旧約聖書のハーターはふつう〝罪〟と訳されるが、実は（道から）「それる」という意味である。これも同じことだ。そこには罪《シン》や罪人のような、非難の意味はない。同じようにヘブライ語で〝改悛〟を意味するテシュバーという語は、（神、自分自身、正しい道に）〝戻る〟という意味で、自分を責めるニュアンスはない。タルムード経典では、悔い改めた罪人として〝戻ることの名人〟という表現を使い、罪を犯したことのない人々より優れているとしている。

ある個人が直面した、二つの行動における選択の自由について語るにあたって、具体的かつ日常的な例をあげて説明しよう。タバコを吸うか吸わないかについての選択の自由だ。ヘビースモーカーだったある人物が、喫煙が健康に与える害についてのレポートを読み、禁煙しようという結論に至った。彼は「やめようと決意した」。この「決意」は決断ではない。希望を明確に述べたにすぎない。彼は喫煙をやめようと

〝決意〟し、翌日はいい気分を味わったが、その次の日には気分が悪く、三日目には〝つきあいが悪い〟と思われたくないと感じ、またその次の日には、あの健康に関するレポートが正しかったのかという疑念を持ち、そのためにいまだに喫煙を続けている。これらの決意はすべて思いつき、計画、幻想にすぎない。実際に選択するまで、リアリティはほとんど、いや一切ない。選択が現実になるのは、目の前にタバコがあり、そのタバコを吸うかどうか決めるときである。その後も、別のタバコについて、同じことを決めなければならない。それがずっと続く。決意が必要になるのは、常に具体的な行動においてなのだ。こうした状況で争点となるのは、彼が吸わない自由を持つのか持たないのかということである。

　ここでいくつか問題が生じる。彼が喫煙が健康に与える害についてのレポートを信じていない、信じていたとしても、喫煙の楽しみを奪われるくらいなら寿命が二十年縮んだほうがましと思っていたとしたらどうだろうか。この場合、選択の問題はないように見える。しかしそれはただのごまかしにすぎない。彼が意識している思考は、たとえ挑んでも戦いに勝つことはできないという感情を合理化したものなのだ。そのため勝つべき戦いはないというふりをする。しかし選択の問題を意識していようがいまいが、選択の性質は同じである。それは理性が命じる行為と、非合理的な熱意が命じる行為との間の選択である。スピノザによれば、自由は〝十全な観念〟に基づくものだ。それは自覚と現実の受容を基礎とし、個人の心理や精神を十全に成長させる行動を決める。人間の行動は、スピノザによれば、情念か理性の因果によって決められる。情念に支配されるとき人間は縛られ、理性に支配されるとき人間は自由である。

非合理的な情念は人間を押さえつけ、自己の真の利益に反する行動を強い、その人の力を弱めて破壊し、彼を苦しめる。選択の自由の問題は、二つの同じくらいよい可能性のどちらかを選ぶことではない。テニスをするかハイキングに行くか、あるいは友人を訪ねるか、家で読書をするかという選択をすることではない。決定論か非決定論かに関わる選択の自由は常に、悪いものに対してよりよいものを選択する自由である。そしてよいか悪いかは、常に生の基本となる道徳的問題に照らして理解される——前進か退行か、愛か憎しみか、独立か依存か。自由とは非合理的な情念に反して、理性、健康、幸福、良心の声に従う能力にほかならない。この点で、私たちはソクラテス、プラトン、ストア学派、カントの伝統的な見解と一致している。私が強調したいのは、理性の命ずることに従う自由は心理学的な問題であり、さらに掘り下げられるということである。

タバコを吸うか吸わないかの選択に直面している人の例、別の言い方をすれば、自らの合理的な決心に従う自由があるかどうかという問題に話を戻そう。ほぼ確実に、自らの決心に従うことができないと予測できる人を想像してみよう。その人は母親的な存在に深く結びついていて、口唇受容期的性向を持ち、常に他人から何かを期待し、自己主張ができず、そうした性質のため慢性的に強い不安に駆られている。このような人にとって喫煙は唇の欲求を満たし、不安から身を守るものである。タバコは彼にとって、力、大人としての成熟、行動力の象徴なので、それなしではいられない。彼のタバコへの渇望は、不安、受容力などの結果であり、その動機と同じくらい強い。それがある強さに達すると、その人の内部の力のバランスによほど大きな変化がないかぎり、その欲求を乗り越えることができなくなる。そのような事情がないとすれば、彼はあらゆる点から、自分自身がよいとわかっているものを選ぶ自由はないと言える。これとは正反対の、成熟し、生産的で、貪欲でない人物を想像すると、そういう人は理性や自分の真の利益に反するような行動はできないだろうと考えられる。彼もまた〝自由〟ではない。彼がタバコを吸わないのは、気持ちがそちらに傾かないためである[61]。

選択の自由は形式的、抽象的な可能性ではなく、「持つ」「持たない」という性質のものではない。むしろ性格構造の働きなのだ。善を選ぶ自由がない人がいるのは、その人の性格構造から、善に従って生きる性質が失われてしまったからだ。悪を選ぶ性質を失った人もいて、これはまさにその人の性格構造から悪への渇望が失われているのだ。これら両極にある二つのケースでは、どちらも彼らの性格における力のバランスによって選択の余地がないために、そういう行動をするように決定されていると言えるかもしれない。しかしたいていの人の場合、矛盾する傾向があっても、それらは選択が可能な程度にバランスがとれている。行動とは、その人の性格のなかで対立する傾向それぞれの強さの結果なのである。

ここまでくれば、〝自由〟という言葉を二つの違う意味で使えることが明らかなはずだ。一つは、成熟し、十分に発達した、生産的で独立した人間の態度、性向、性格構造の一部である。この意味において、〝自由〟な人とは、愛情にあふれ、生産的で、独立した人間と言える。二つの可能な行為からどちらかを選ぶということとは関係ない。むしろその人の性格構造に関係しているのだ。そしてこの意味で、「悪を選ぶ自由のない」人は、完全に自由な人間となる。自由の第二の意味は、私たちが主にこれまで使ってきた意味、つまり正反対の二つの選択肢のどちらかを選ぶ可能性ということだ。しかしその二者択一は常に、人生における合理的な関心に対して非合理的な関心、成長に対して停滞と死である。この第二の意味で使われるとき、最良の人と最悪の人は選ぶ自由を持たない。選択の自由という問題が存在するのは、矛盾する傾向を持つまさに平均的な人々においてなのである。

この第二の意味で自由を語るとき、次の疑問が生じる。この矛盾する傾向を選択する自由は、どのような要因によって左右されるのか。

もっとも重要な要因は、矛盾する傾向それぞれの強さ、特に無意識の側面にある。しかし、たとえ非合理的な傾向がより強くても選択の自由が保たれる要因は何かと考えると、悪いことよりよいことを選ぶ決定的要因は自覚にあるということに行き着く。(1)何が善で何が悪かについての自覚。(2)具体的な状況において、どの行動が望ましい結果を得るための手段となるかという自覚。(3)目に見える願望の背後にある力の自覚。つまり無意識の欲望への気づき。(4)選択肢についての現実的な可能性の自覚。(5)一方を選択した結果についての自覚。(6)そのような自覚が有効なのは、行動する意志と、自らの情念に反する行為から必然的に生じる苦痛や欲求不満を受け入れる用意があるときだけであるという自覚。

こうしたさまざまな種類の自覚について検討していこう。何が善で何が悪かについての自覚は、ほとんどの道徳体系において、善悪についての理論的知識とは異なる。伝統をよりどころとして、愛、独立、勇気は善で、憎しみ、服従、臆病は悪であるとする知識にはほとんど意味がない。その知識は権威や昔の教えなどから学んだ疎外された知識であり、そこから得たからというだけの理由で本当だと信じられているものだからだ。自覚とは、その人が自分で経験し、実験し、他者を観察し、そして最終的には無責任な〝意見〟を持つのではなく、確信を得ることによって学んだことを自分のものとするということである。一般原則によって決めるだけでは十分でない。この自覚を超越し、自分の内的な力のバランスと、無意識の力を隠している自己正当化を自覚する必要がある。

具体的な例で考えてみよう。男がある女性に魅了され、彼女と性的な関係を持ちたいと強く願った。意識の上では、そのような願望を持ったのは、彼女がとても美しいから、思いやりがあるから、愛されたがっているから、あるいは彼自身が性的に飢えているから、愛情を求めているから、孤独だから……といった理由だと考える。彼女はと関係を持てばお互いの人生を台無しにすると気づいているかもしれない。彼女はおおびえていて、自分を守ってくれるものを求めるので、簡単には別れてもらえないことも。そのようなことをすべて知りながら、彼は思いとどまることなく彼女と関係を持つ。それはなぜなのか。彼は自分の欲望を自覚していても、その根底にある力には気づいていないからだ。その力とは何なのだろう。いくつもあるなかから一つ、とりわけ強力なものをあげてみよう。それは虚栄心とナルシシズムである。彼が自分の魅力と価値を証明するためにその女性を手に入れる決心をしたとしても、その本当の動機に気づいていないのがふつうだ。前述したような方法に加え、他にもあらゆる合理化を行ない、それに気づかないからこそ、真の動機に従って行動しながら、自分はもっと理性的な動機によって行動しているという幻想を持つ。

その次の段階は、自分の行動の結果を十分に自覚することである。決意したとき、彼の頭は欲望と気休めの合理化で満たされている。しかし、もし彼が自分の行為の結果をはっきり見通せていたら、決心は違っていたかもしれない。たとえば誠意のない情事がだらだらと続く、新しい女性を手に入れて彼のナルシシズムが満たされたために彼女に飽き始める、それでも罪悪感と、本当は彼女を愛していなかったと認めることへの恐怖から、偽りの約束を続ける、この葛藤ゆえに彼も彼女も身動きが取れなくなり衰弱していく、といった結果だ。

しかし奥底にある真の動機と結果を自覚しても、正しい決心をする可能性を高めるには不十分である。もう一つ重要な自覚が必要だ。それは、本当の選択をするのがいつで、その人が選べる本当の選択肢とは何かを意識することである。

その男が動機も結果もすべて自覚していて、その女性と寝ないと「決意」したとしよう。その後、彼女と映画に行き、家におくる前に「一緒に一杯飲もう」と声をかける。表向きは何も害はないように思える。一緒に一杯飲むのに悪いことなどないだろう。たしかに力のバランスを取るのがすでにそこまで難しくなっていなければ、何も悪いことはなかった。もし彼が「一緒に一杯飲む」と何が起こるか自覚していたら、彼女を誘わなかったかもしれない。ロマンティックな雰囲気にのまれて、酒で意志の力が弱まり、彼女のアパートに行って飲みなおすという、次の段階に進むことに抗えず、きっと彼女と性交渉を持つ。完全に自覚していれば、彼はこの一連の出来事は避けられないと予測できたし、もし予測できるなら、「一緒に一杯飲む」ことを避けることもできた。しかし彼は欲望のせいでこのような成り行きが見えなくなっていて、正しい選択をする可能性はあったのに、それをしなかった。言い換えると、実際の選択が行なわれたのは、彼女を飲みに誘ったとき（あるいは映画に誘ったとき）で、性交渉を始めるときではない。一連の決心が最後まで行なわれた時点で、彼はもう自由ではない。もっと前に、本当の決心をいまここでしなければならないと自覚していたら、彼は自由でいられたかもしれない。悪いものではなくよいものを選ぶ自由が人間にはないという見解に賛同する議論は、かなりの部分、人はふつう一連の出来事の、最初や二番目ではなく、最後の決心に注目するという事実に基づいている。そして実際に、最後の決心を行なうときには、選択の自由は消えてしまっている。しかしもっと前、その人がそれほど自らの熱情に囚われていなかったときには、まだ自由があったかもしれない。一般論として語るなら、ほとんどの人が人生で失敗するのは、まだ理性に従った行動をする自由があると気づかないから、そしてその選択に気づくときは、決意するには遅すぎるからだ。

本当の決心がいつ行なわれるかを理解するという問題に密接に関連して、もう一つ別の問題がある。私たちの選択能力は、生活をおくるなかで絶えず変化する。誤った選択を長く続けるほど、私たちの心は硬化する。正しい選択をすることが多ければ、心は柔軟になる——いや、おそらく生き生きとする。

これに関わる原則を説明するのによい例が、チェスのゲームである。同じくらいの強さのプレーヤーが対局を始めようとするとき、勝つ可能性はどちらも同じである(白のほうがやや有利だが、ここではそれは無視する)。言い方を変えれば、どちらも同じ自由を持っている。しかし五手も指せば、状況はすでに違っている。どちらもまだ勝つ可能性はあるが、よい手を指したAのほうが勝つ可能性は高い。いわば相手のBよりも勝つ自由を多く持っている。それでもBにもまだ勝つ自由がある。対局が進み、Aがさらによい手を指し続け、Bがうまく対抗できなければ、Aの勝利はほぼ確実となるが、やはりあくまでほぼである。Bもまだ勝つ可能性がある。やがて、勝負の行方が決まる。Bが腕の立つプレーヤーなら、自分にはもう勝つ自由がないことを認識する。彼は実際にチェックメイトをかけられる前に負けたことを理解する。決定的要因をきちんと分析できない下手なプレーヤーだけが、勝つ自由を失ってもなお、まだ自分は勝てると思い込む。その幻想のためにぎりぎりまで勝負を続け、キングを詰まれてしまうのだ。(62)

チェスのゲームにたとえた意味は明らかである。自由は「持つ」「持たない」という、一定の属性ではない。実を言えば「自由」とは言葉と抽象的概念であり、実体としては存在しない。真実は一つしかない。選択する過程において、自分を自由にする行為である。この過程で私たちがどのくらい選択できるかは、それぞれの行為、生活習慣によって変わる。人生において自己の信念、尊厳、勇気、確信を高めるそれぞれの段階は、望ましい選択肢を選ぶ能力も高め、やがて望ましくない行為を選ぶほうが難しくなる。反対に屈従と臆病に基づく行為は自分を弱体化させ、さらに屈服の行為への道を開き、やがては自由を奪われてしまう。誤った行為ができない状態と、正しい行為を行なう自由を失った状態、これら両極の間には、選択の自由についての無数の段階がある。日常生活のなかでは、選択の自由の段階は、そのときによって違う。

善を選ぶ選択の自由が大きければ、苦労せずに善を選ぶことができる。小さければより多大な努力、他人の助け、好ましい環境を必要とする。

この現象の古典的な例は、聖書にあるヘブライ人解放の要求に対するファラオ（パロ）の物語である。彼は自分と国民に与えられる苦しみがしだいに激しくなっていくことを恐れ、ヘブライ人を解放すると約束する。しかし差し迫った危険がなくなると、「彼の心はかたくなになった」。そしてまたヘブライ人を解放することをやめた。この心がかたくなになる過程が、ファラオの行動の中心的な問題である。正しいことの選択を長く拒絶するほど、心はどんどんかたくなになっていく。どれほどの苦難があっても、それは止まることなく、最後に彼自身と彼の国民は破滅する。彼の心が変化しなかったのは、恐怖だけに基づいて決定を行なったからであり、そして変化がなかったために、彼の心はどんどんかたくなになり、ついには選択の自由がなくなってしまった。

この物語は、自分や他人の発達を見ていれば日常的に観察できるものを詩的に表現したにすぎない。一つ例を見てみよう。ある白人の八歳の男の子には友だちがいた。それは黒人のメイドの息子だった。男の子の母親は息子が黒人の子どもと遊ぶことを好まず、その子と会うのをやめるよう命じる。子どもはそれを拒絶する。すると母親は、言うことをきけばサーカスへ連れて行くと約束する。息子は折れた。この自分への裏切りと買収の受け入れは、この少年に何かしらの影響を与えた。彼は自分を恥じ、道義心は傷ついた。自分への信頼もなくしてしまった。しかし取り返しのつかないことは起こっていない。十年後、彼はある少女と恋に落ちた。それは単なる遊びではなかった。二人とも深い人間愛の絆で結び合わされていると感じていた。しかし少女は少年の家より低い階級の出身だった。彼の両親は婚約に腹を立て、思いとどまらせようとする。しかし息子の決心は固く、そのため両親は、六か月間ヨーロッパに行かせるから戻るまで婚約発表は待つようにと言った。彼はその提案を受け入れた。彼は意識の上では、その旅が自分にとって有益だと信じている。そして当然、帰国するまで彼女への愛は変わらないと。しかしそうはいかない。彼は旅先で多くの女性に会って人気者になり、虚栄心が満たされ、しだいに愛情も結婚する決意も弱まっていった。帰国する前、彼は少女に婚約解消の手紙を書いた。

彼はいつその決心をしたのだろうか。彼は最後の手紙を書いた日だと思っているが、実はそうではなく、ヨーロッパへ行けという両親の提案を承諾したときなのだ。おそらく彼は、意識はしていないにせよ、賄賂を受け取ったことで自分自身を売ったと感じていたのだ——だから約束を果たさなければならない。それが婚約破棄だ。ヨーロッパでの彼の行動は別れる理由ではなく、約束を果たすためのメカニズムである。この時点で彼はふたたび自分を裏切り、そのために自己卑下と（新たなものを得た満足などのかげに隠れているが）内部の弱さと自信喪失とが増大した。これ以上、詳しく彼の人生をたどる必要があるだろうか？　彼は結局、得意の物理学の研究をやめて父親の仕事を継いだ。そして両親の友人である裕福な家の娘と結婚し、実業家として成功し政治家になる。しかし世論に逆らうことを恐れるあまり、自らの良心の声に反して致命的な決定を行なう。彼の経歴は心がかたくなになっていった歴史である。一つの精神的敗北がさらなる敗北を招き寄せ、やがて取り返しのつかないところまで行ってしまう。八歳のとき、彼はまだ自分の立場をはっきりさせて、買収を拒否することもできた。彼はまだ自由だったのだ。そして友人や祖父、教師のなかには、彼の葛藤を聞けば助けてくれた人がいたかもしれない。十八歳のとき、彼はすでにあまり自由ではなくなっている。その先の人生は自由が減っていく過程であり、やがて人生というゲームに負けてしまう。節操のない、心がかたくなな人間として生涯を終える人でも、ヒトラーやスターリンの部下たちでさえも、生まれたときには善人になる可能性があったのだ。彼らの人生を細かく分析すれば、ある時点でどのくらい心がかたくなになっているか、そして人間らしくあるための最後のチャンスがいつ失われたかわかるかもしれない。逆の状況もまた存在する。初めに勝利すると、次も勝利しやすくなり、やがて努力しなくても正しいことを選択できるようになる。

これらの例は、ほとんどの人が生き方で失敗するのは、生まれつき悪であるとか、よりよい生活を営むための意志に欠けているからではないということを示している。失敗するのは彼らが決定すべき人生の岐路に立っているとき、目を覚ましてそれを理解しないからなのだ。彼らは人生に問いかけられているとき、そしてまだ二者択一から選ぶ余地があるとき、それに気づかない。そして誤った道に歩を進めるごとに、自分が誤ったほうへ向かっていると認めるのが難しくなる。それもただ、認めてしまうと最初に誤った時点に戻って、エネルギーと時間を無駄にしたという事実を認めなくてはならないからだ。

同じことが社会的・政治的生活にも言える。ヒトラーの勝利は必然だったのだろうか。ドイツ国民はどこかで、ヒトラーを打倒する自由があったのだろうか。一九二九年にはドイツ国内に、国民をナチズムに走らせる要因があった。それは苦しみにあえぎ、サディスティックな欲望に駆られた下層中産階級で、そのようなメンタリティは一九一八年から一九二三年にかけて形成された。一九二九年の大恐慌によって大量の失業者が生まれ、一九一八年にはすでに国内の軍事力がしだいに増強されていて、それが社会民主党指導者によって黙認されていた。重工業界のリーダーたちの間には、反資本主義運動の高まりへの恐怖があった。共産主義者は社会民主党を主要な敵とみなす戦略をとっていた。才能に恵まれながらも、半ば正気を失った日和見主義の扇動者がいた――他にもあるが、これらは特に重要な要因である。逆に、強烈な反ナチを掲げる労働者階級の政党も一つならず存在したし、強力な労働組合もあった。反ナチの自由主義的な中産階級も存在した。文化とヒューマニズムという、ドイツ的伝統も残っていた。これらの勢力は拮抗していたため、一九二九年にナチスが負けることもありえたのだ。ヒトラーがライン地方を占領する前の時期についても、同じことが当てはまる。軍部の指導者の間で、彼に対する陰謀も存在したし、軍部の体制にも弱みがあった。西欧の同盟諸国が強硬な策に出れば、ヒトラーが失脚する可能性は高かったのだ。他方、ヒトラーが狂気じみた残虐さと無慈悲な行為で、占領した国の民衆の反感をあおらなければ、どのようなことが起きただろうか。モスクワ、スターリングラード、その他の占領地から戦略的に撤退するよう助言した将軍たちの言葉に耳を貸していたら、何が起きただろうか。そのときにはまだ、完敗を避ける自由が残っていたのではないか。

最後の例から、選択能力をかなりの程度まで決定する〝自覚〟の、別の一面が見えてくる。現実的な二者択一と、現実的な可能性に基づかない不可能な二者択一である。

決定論の立場は、選択する状況それぞれに現実的な可能性は一つしか存在しないと主張している。ヘーゲルによれば、自由な人間はこの一つの可能性、つまり必然を意識して行動する。自由でない人間にはそれが見えないため、自分が必然、つまり理性の執行者であることを知らずに、何らかの行動をせざるを得ない。逆に非決定論の立場では、選択するときには多くの可能性があり、人はそのなかから自由に選ぶことができる。しかし〝現実的な可能性〟は、ただ一つではなく、二つ以上あることも多い。しかし、無限の可能性のなかから選べるような恣意性は存在しない。

〝現実的な可能性〟とは、どういう意味なのだろうか。それは、個人や社会のなかで相互に作用する力の全体的構造を考慮したとき、実現しうる可能性である。現実的な可能性は、人間の願いや欲望には合致しているが、そのときの状況からして実現することがありえない虚構の可能性とは反対のものである。人間は解明可能なかたちで構成された力の集まりである。この特殊な構造パターンである〝人間〟に影響を与えるものは、数限りなくある。たとえば環境の状態（階級、社会、家族）、遺伝的・先天的条件などもそうだ。これらの先天的に与えられた性質を研究すると、ある〝影響〟を決めるのは必ずしも〝原因〟ではないということがわかる。先天的に内気な人は、引っ込み思案で受動的で、やる気のない人になるかもしれないし、とても直観力に優れ、才能ある詩人や心理学者、医者などになるかもしれない。しかし無神経で楽天的なやり手になる〝現実的可能性〟はない。彼がどちらの方向に行くかは、彼に影響を与える他の要因によって決まる。同じことが生来的、あるいは幼年期にサディスティックな要素を身につけた人間にもあてはまる。この場合、その人はサディストになるか、サディズムと闘って克服し、強力な精神的〝抗体〟を形成して残酷な行為ができなくなり、他人や自分に加えられる冷酷なことに対してとても敏感になるかである。サディズムに無関心な人間には決してなれないのだ。

〝現実的可能性〟を、先天的な要因についての話から、先にあげた喫煙者の例に話を戻すと、彼の前には二つの可能性がある。チェーンスモーカーのままでいるか、タバコをきっぱりやめて一本も吸わないかのどちらかだ。タバコは吸い続けるが、二、三本にとどめるという彼の考えは幻想となる。先ほどの情事の例では、男には二つの現実的可能性がある。女性を誘わないか、彼女と性的交渉を持つかである。彼女と飲みに行くが、性交渉を持たないというのは、彼と彼女の性格におけるさまざまな力を考えると非現実的である。

ヒトラーにも戦争に勝つ——少なくともあれほど悲惨な敗北を喫することはない

――現実的可能性はあった。占領した国の国民をあれほど無慈悲かつ冷酷に扱わなければ、彼があれほどナルシシスティックでなく、戦略的撤退を認めていれば……。しかしこれらの二者択一以外に、現実的可能性は存在しなかった。彼が望んでいたように、自らの破壊性を占領国の国民にぶつけ、さらに決して撤退しないことで虚栄心と偉大であるという意識を満足させ、さらに自分の野望によってすべての資本主義国家をおびやかし、さらに戦争に勝つ――これはすべて現実的可能性の範囲に収まりきらない。

同じことが、いま現在の状況にも当てはまる。すべての列強に核兵器が存在し、互いへの恐怖と疑念の高まりから、戦争へ向かう強烈なムードがある。国家元首の偶像化、外交における客観性と理性の欠如、その一方で東西どちらの陣営でも、国民の大半は核兵器による破壊を避けたいと願っている。大国は他国民を狂気に巻き込むべきではないと主張する、大国以外の国民の声もある。平和的解決を行ない、人類の幸せな未来への道を開くための、社会的・技術的要因は存在する。これら二つの要因が存在するが、まだどちらを選ぶかについては現実的可能性がある。核兵器軍拡競争と冷戦を終わらせて平和を築くか、現在の政策を続けて戦争へ向かうかだ。どちらかの可能性が高いということはあっても、どちらの可能性も現実的である。そこにはまだ選択の自由がある。しかし私たちが軍拡競争および冷戦および偏執的憎悪を続け、同時に核兵器による破壊を避けられる可能性はない。

一九六二年十月、決定の自由はすでに失われ、正気を失った一部の死の愛好者を除くすべての人の意志に反して、大惨事が起こるだろうと思われた〔キューバ危機〕。しかしこのときは人類は救われた。緊張が緩和され、交渉と歩み寄りが可能になった。現在（一九六四年）は、おそらく生か破壊かの選択の自由を持つ最後の機会になるだろう。善意を象徴してはいるが、与えられた選択肢とそれぞれの結果への洞察を示さない表面的な協定を乗り越えなければ、私たちの選択の自由は消滅してしまう。人類が自らを破壊するのは、人間の心が本質的に邪悪だからではない。現実的な選択肢とその結果に気づく能力がないからだ。自由の可能性はまさに、選択肢のうちどれが現実的に可能で、どれが〝非現実的な可能性〟なのかを認識することにある。非現実的な可能性は、現実的だが（個人的あるいは社会的に）支持されにくい二者択一という、不愉快な作業を免れようとする希望的思考を構成する。非現実的な可能性は当然ながら、決して可能性ではない。それは夢物語にすぎない。しかし残念ながら、私たちのほとんどは、現実的可能性を前にして洞察力と犠牲が必要な選択をしなければならないとき、他にも追求しうる可能性があると考えたがる。そして私たちは、そのような非現実的可能性が存在しないという事実や、それを追求することは運命が自ら決定を下すことを隠す方便にすぎないという事実にあえて目をつぶる。可能性のないことが実現するという幻想を抱いて生きていると、自分に対して下された選択によって好ましくない災難が起こったとき、人は驚いたり憤慨したり傷ついたりする。その時点で、彼は他人を責める、自己弁護する、そして（あるいは）神に祈るといった誤った態度をとるが、責めるべきは問題を直視する勇気の欠如と、それを理解しようとする理性の欠如なのである。

そこで私たちの結論は、人間の行動は常に、その人の性格に作用する（たいていは無意識的な）力に根ざす傾向に起因するということになる。それらの力が一定の強さに達すると、その人の気持ちをあることに傾けるだけでなく、それに決めさせる。つまり彼には選択の自由がなくなる。矛盾する傾向が性格のなかで効果的に働くときは選択の自由がある。その自由は実在する現実的可能性によって制限される。その現実的可能性は、全体的な状況で決定される。人の自由は、実在する現実的可能性のどちらを選択するか（二者択一）という、その人の選択可能性にある。この意味での自由とは「必然を自覚して行動する」ことではなく、二者択一とその結果の自覚に基づき行動することと定義できる。非決定論などというものはない。ときに決定論があり、ときに人間にしか見られない現象に基づく二者択一論がある。別の表現をすれば、あらゆる出来事に原因があるということだ。しかしその出来事が起きる以前には、次の出来事の原因となりうるいくつかの誘因があったかもしれない。それらの原因になりうるものが、実際に原因になるかどうかは、まさに決定するときの自覚によって変わる。言い方を変えれば、原因のないものはないが、すべてが決定されている（ここではハードな意味）わけではない。

これまで展開してきた決定論、非決定論、二者択一論の見解は、基本的に三人の思想家の考えに従っている。スピノザ、マルクス、そしてフロイトである。三人とも決定論者と呼ばれることが多い。それにはもっともな理由があり、何より彼ら自身がそう言っている。スピノザは次のように書いている。「精神には絶対的な意志、あるいは自由意志というものはない。あれをしたい、これをしたいと決めさせるのは原因であり、その原因もまた原因によって決まり、またそれを決める原因があり……と、無限に続く」（『エチカ』第二部、定理四八）。スピノザは、私たちが自分の意志は自由であると主観的に経験する――カントやその他の多くの哲学者にとっては、それがまさに意志が自由であることの証明だった――のは自己欺瞞の結果であるという事実について説明している。私たちは自分の欲望を自覚しているが、その欲望の動機は自覚していない。そのため欲望の〝自由〟を信じている。フロイトもまた決定論者の立場を表明している。精神の自由とその選択を信じるということ。彼は非決定論について、「まったく非科学的で……精神生活さえ支配する決定論の主張の前には屈するしかないだろう」と述べている。マルクスも決定論者だと思われる。彼は歴史の法則を発見し、政治的な出来事は階層分化と階級闘争の結果であり、後者は現存の生産力とその発展の結果だと述べている。三人の思想家は人間の自由を否定し、人間の背後で働き、その人に何かをしたいと思わせ、行動を決定する力を発揮するものを人間のなかに見いだしているように思える。この意味でマルクスは、もっとも厳密な意味でヘーゲル主義者だと言えるだろう。彼にとっては必然に気づくことが最大の自由なのだ(63)。

スピノザ、マルクス、フロイトは、自ら決定論者と規定するような表現をしているだけではない。その弟子たちも、彼らを決定論者として理解していた。それは特にマルクスとフロイトに当てはまる。〝マルクス主義者〟の多くは、歴史には修正できない流れがあるかのように話していた。つまり未来は過去によって決められ、ある出来事は起こるべくして起こる、ということだ。フロイトの弟子の多くも、同様の見解を主張した。フロイトの心理学は、まさに先行する原因から結果を予測できるからこそ、科学的なのだと主張している。

しかしスピノザ、マルクス、フロイトが決定論者であるというこの解釈は、この三人の思想家の哲学的な他の面を完全に忘れている。〝決定論者〟スピノザの主要な業績が、なぜ倫理《エチカ》についての本なのか。マルクスの目的が主に社会主義革命であり、フロイトが主にめざしたのは精神的な病気に悩む患者の神経症の治療法であったのはなぜなのか。

これらの問題への答えは、ごく単純だ。三人の思想家たちはみな、人間や社会がある程度まで、特定の行動をとる傾向を持つこと、そしてその傾向の程度が決定的なものになりうることを理解していた。しかし同時に、彼らは説明や解釈をしたがる哲学者というだけでなく、変化と変革をめざす人々でもあった。スピノザにとって人間の務め、つまりその倫理的目的は、決定を減らして自由への最適条件を得ることだった。人間は自らを意識すること、つまり目をくらませ鎖につなぐ情念（受動的感情）を、人間としての真の興味に基づいて動けるようにする行為（能動的情動）へと変えることにより、それを成し遂げる。「受動という感情は、はっきりした明瞭なイメージをつくりあげられたとたん、受動ではなくなる」（『エチカ』第五部、定理三）。スピノザによれば、自由は与えられるものではない。それはある制限のなかで、洞察力と努力によって手に入れられるものである。精神的な強さと自覚があれば、選択肢を持つことができる。自由の獲得は困難であり、だからこそほとんどの人が失敗する。スピノザは『エチカ』の終わりで次のように述べている（第五部、定理四二注記）。

私はこれで、感情と精神の自由に影響する精神の力について、説明したいと思ったことすべてを完了した。これによって、賢者がいかに有能であり、欲望でしか動かない無知な人間よりいかに優れているかが明らかになる。無知な人間はさまざまなかたちで外部の要因に邪魔され、精神の真の満足を決して得られないだけでなく、自分自身も神も物もほとんど意識せずに生き、そして耐えるのをやめる［スピノザの言う意味で、受動的になる――フロム注］とすぐに、存在することをもやめてしまう。

これに反して賢者は、賢者として見られる限り、ほとんど心を乱されることがなく、自分や神や物をある永遠の必然性によって意識し、決して存在することをやめず、常に精神の真の満足を備えている。

このような結果へ到達するものとして私の示した道はきわめて困難であるように思えるが、発見される可能性はある。またこのようにまれにしか見つからないものは困難なものであるに違いない。もし救済がすぐ手近にあってたいした苦労なしに見つかるとしたら、ほとんどすべての人から顧みられないことがどうしてあるだろう。

すべて優れたものはまれであるとともに困難である。

近代心理学の祖であるスピノザは、人間に決定をさせる要因を理解しているが、にもかかわらず『エチカ』を書いているのだ。彼は人間がどのようにして束縛から自由へと変化するのかを示そうとした。そして彼の〝倫理〟の概念は、まさに自由の獲得である。それを獲得するには理性、適切な考え、自覚が必要だが、それはほとんどの人が進んで行なおうとする以上の労力をもって初めて可能となる。

スピノザの業績が個人の〝救済〟をめざす著述だとすれば（救済とは自覚と勤労による自由の獲得である）、マルクスの目的もまた個人の救済である。しかしスピノザが個人の非合理性について考察しているのに対し、マルクスはその概念を拡大している。彼は個人の非合理性は、その人が住む社会の非合理性が原因であり、その非合理性自体、経済・社会の現実に内在する無計画さと矛盾の結果だと考えている。マルクスの目的はスピノザと同様、人間が自由で独立することだが、この自由を手に入れるために、人間は自分の背後で働き、決定を行なわせている力に気づかなくてはならない。

解放はその自覚と努力の結果である。もっと具体的に言うと、労働者階級はすべての人間を解放するための歴史上の代理人であると考えていたマルクスは、階級意識と闘争が人間解放のための必要条件だと信じていた。スピノザと同じく、マルクスも次のような発言の意味において決定論者だった――あなたが何も見ようとせず、最大限の努力をしないなら、あなたは自由を失うだろう。しかしスピノザと同じく、彼も解釈を考えるだけでなく、変革を望む人間でもあった。言ってみれば彼のしようとしていたことはすべて、どうすれば気づきと努力によって自由になれるかを教える試みなのだ。誤解されることが多いが、マルクスは決して自らが予測する歴史的な出来事が必ず起こるとは言っていなかった。彼は常に二者択一論者だった。もし人間が自らの背後で働いている力に気づけば、もし自由を勝ち取るために最大限の努力をすれば、必然の鎖を断ち切ることができる。マルクスをもっとも深く研究した学者の一人であるローザ・ルクセンブルクは、この二者択一論を次のように体系化している。今世紀、人間は「社会主義かバーバリズムか」のどちらかを選ぶ立場にある。

決定論者であるフロイトもやはり変革を望んでいた。神経症を健康にして、イドの優位をエゴの優位に置き換えることを望んでいた。人が合理的行動を行なう自由を失う以外、（種類はどうあれ）どのような神経症があるのか。人が本当に関心のあるものに従って行動する以外に、どんな精神的健康があるのか。フロイトもスピノザやマルクスと同じように、人がどの程度まで決定されているのか理解していた。しかしフロイトはある種の非合理的でそれゆえに破壊的な行為の衝動強迫は、自覚と努力によって変えられるということも認識していた。だからこそ、自覚によって神経症を治療する方法を考案しようとする彼の仕事と、その治療のモットーは「真実はあなたを自由にする」であった。

いくつかの主要な考え方は、三人の思想家に共通している。(1)人の行動はそれに先行する原因によって決められているが、自覚と努力によってそれらの原因の力から自分を解放することができる。(2)理論と実践は不可分である。〝救済〟あるいは自由を手に入れるには、正しい〝理論〟が必須であると知っていなければならない。しかし行動し闘わなければ、知ることはできない[64]。理論と実践、解釈と変化が不可分であるということは、まさにこの三人の思想家の偉大な発見である。(3)彼らは人間が独立と自由を勝ち取るための闘いに敗れる可能性はあるという意味では決定論者だが、基本的には二者択一論者である。人間は真偽を確かめることのできる可能性のなかから選択できること、それらの選択肢のどれが現実になるかはその人次第であると教えていた。スピノザは、誰もが救済を得られるとは信じていなかったし、マルクスは社会主義が勝利するはずだとは信じていなかった。フロイトはすべての神経症が自分の開発した治療法で治るとは思っていなかった。むしろ三人とも懐疑主義者であると同時に、強い信念を持っていた。彼らにとって自由とは、必然を意識して行動すること以上のものだった。それは人間にとって、悪ではなく善を選ぶチャンスだった。自覚と努力に基づき、現実的可能性のなかから選ぶチャンスである。彼らの立場は決定論者でもなければ、非決定論者でもなかった。現実的かつ批判的なヒューマニズムという立場だった。(65)

これは仏教の立場でもある。仏陀は人間の苦しみの原因は、強欲にあると知っていた。彼は人類に、欲と苦悩を手放さず、輪廻転生に縛られたままでいるか、欲を捨てて苦悩と転生を終わらせるかという選択を突きつけた。人間はこれら二つの現実的可能性のどちらかを選ぶことができる。他に選択肢はない。

私たちは人間の心、善と悪へと向かう傾向を検討してきた。本書の最初の章でいくつか疑問を提示したときよりも、もっと確かな基盤を築いているのではないか？

ここでこれまでの議論をまとめておくのは意義があることだろう。

(1)悪は人間に独特の現象である。それは人間以前の状態に退行し、特に人間的なもの——理性、愛、自由——を抹消しようとすることだ。しかし悪は人間的というだけでなく、悲劇的なものでもある。人が特に原初的なかたちの経験へと退行しても、人間であることはやめられない。そのため、解決策としての悪には満足できない。動物は悪になりえない。動物は基本的に、生来的に備わった生き残るための衝動に従って行動する。悪は人間的な領域を越えて、非人間的な領域へと移ろうとする試みだが、それは実に人間的なことなのだ。人間は〝神〟になれないのと同じように、動物になることもできない。悪とはヒューマニズムの重荷から逃れようとする悲劇的な試みのなかで、自分を失うことである。そして悪の潜在力がますます増大するのは、人間には想像力が与えられているために悪のあらゆる可能性が想像でき、それに基づく欲望と行動を起こし、悪の想像をかきたてるからだ[66]。ここで表明されている善悪についての考えは、基本的にスピノザが表現したことと一致している。「〝善〟とは、私たちが設定した人間本性のタイプ［スピノザは人間本性の範型とも呼んでいる――フロム注］に近づくための手段になると、私たちがよく知っているものを意味する。〝悪〟とは、そのタイプに近づくのを邪魔するとよく知っているものを意味する」（『エチカ』第四部序文）。スピノザにとって、論理的には、「馬が人間に変化したら、昆虫に変化するのと同じで、完全に馬でなくなってしまう」（同）。善は私たちの存在を、自分たちの本質へと限りなく近づけるものであり、悪は存在と本質をどんどん引き離していくものである。

(2)悪の程度は、同時に退行の程度でもある。最大の悪は、生と反対に向かおうとすることである。つまり死の愛好、子宮や土壌、無機物に戻ろうとする近親相姦的共生の衝動、人間を生の敵とみなすナルシシスティックな自己犠牲。それはまさに自らのエゴの牢獄を離れられないためであり、このように生きることは、〝地獄〟で生きることである。

(3)もっと程度の低い悪も存在し、退行の程度もそれに合わせて低くなる。それでも愛情の欠如、理性の欠如、興味の欠如、勇気の欠如が見られる。

(4)人類は退行しかつ前進もするものだ。言い方を変えれば、善であり同時に悪でもあるという傾向を持つ。両方への傾きのバランスがある程度取れていれば、彼は選ぶ自由を持つ。ただし自覚を持ち、努力をすればの話である。自らの置かれた総合的な状況によって規定される選択肢のなかから自由に選ぶことができる。しかしその人の心の傾きのバランスが崩れるほどかたくなになってしまったら、もう選択の自由はない。自由を失うような出来事が次々と起こると、最後の決定のときにはもう自由に選択することはできない。最初の決定のときにその重要性に気づいていれば、善へとつながる選択の自由があったかもしれない。

(5)人間は自分の行動を選ぶ自由がある限りにおいて、それに対する責任がある。しかし責任とは倫理的な前提にほかならず、彼を罰したいという権威ある者の欲望を正当化するために持ち出されることが多い。悪は人間的であり、退行と人間性の喪失を起こす可能性があるからこそ、私たち誰の内部にも存在する。それを自覚するほど、他人を裁く立場に立てなくなる。

(6)人の心はかたくなになりうる。非人間的にはなれても、人間以外のものになることは決してない。それはずっと人の心のままである。人を規定するのは、私たちが人間として生まれたという事実、そしてそのために選択しなければならないという終わることのない作業である。私たちは目的とともに手段も選ばなくてはならない。誰かが救済してくれると頼ってはならないが、誤った選択をすると自分自身を救済できなくなるという事実を強く意識しなければならない。

本当に、私たちは善を選ぶために自覚しなければならない——しかし他人の嘆きに、他人のあたたかい視線に、鳥の歌に、芝の青さに心を動かされる力を失えば、どんな自覚があっても役には立たないだろう。生に興味を持てなくなれば、その人が善を選ぶ希望はない。そして心がかたくなになり、彼の〝生〟は終わるだろう。もし万一、人類全体、あるいはそのなかで特に有力な成員にこれが起こったら、人類の生はもっとも明るい展望が開けるはずの瞬間に消滅するかもしれない。

原注

イントロダクション

（1）この精神分析の考え方は、現在〝実存主義的分析〟として知られているものを、フロイト理論の代替にするという意味ではないことを強調しておきたい。そうしたフロイト理論の代替は浅薄で、ハイデガーやサルトル（あるいはフッサール）の言葉を使いながら、それらを臨床的な事実のまじめな見識と結びつけていないものが多い。これは明晰ではあるが表面的で、健全な臨床的根拠のないサルトルの心理学的思考と同じように、一部の〝実存主義的〟精神分析家にも当てはまる。ハイデガー同様、サルトルの実存主義は新たな始まりではなく終焉である。それは二つの大戦後、ヒトラーおよびスターリンの体制を経た西洋の絶望の表現である。ただそれらは絶望の表現というだけではなく、行き過ぎた中産階級の利己主義と独我論の表れでもある。これはハイデガーのようなナチズムに共感した哲学者を考えたほうが理解しやすい。サルトルの場合はもっとわかりづらく、マルクス主義の思想を代表する、未来の哲学者だと主張している。にもかかわらず彼は、自ら批判して変えたいと思っている無秩序な利己主義的精神の象徴である。生には神から与えられ保証された意味などないという信念については、これを信じている社会は数多くあり、宗教では仏教がよく知られている。しかしすべての人に当てはまる客観的価値はないとする主張、そして自己本位かつ独断的な彼の自由概念において、サルトルとその支持者たちは、ヒューマニズムの伝統ばかりでなく、有神論、非有神論の宗教のもっとも重要な功績を見失っている。

第二章　さまざまな形態の暴力

(2) さまざまな形態の攻撃性については、精神分析研究に多くの資料がある。特に *The Psychoanalytic Study of the Child* 誌 (New York: International Universities Press) の論文を参照。人間と動物の攻撃性の問題については J. P. Scott, *Aggression* (Chicago: University of Chicago Press, 1958)、また Arnold H. Buss, *The Psychology of Aggression* (New York: John Wiley, 1961)、さらに Leonard Berkowitz, *Aggression* (New York: McGraw-Hill, 1962)。

(3) 一九三九年、ヒトラーはポーランド兵士のしわざに見せかけてシレジアのラジオ局への襲撃事件を起こした (実際はSS部隊によるもの)。これは国民に攻撃の標的にされているという感覚を持たせ、ポーランド侵攻を〝正義のための戦争〟として正当化するためだった。

(4) J. Dollard, L. W. Doob, N. E. Miller, O. H. Mowrer, and R. R. Sears, *Frustration and Aggression* (New Haven: Yale University Press, 1939) に多くの例があげられている。

(5) 答えを選択するかたちではなく、自由なかたちで回答できる質問票。その答えから回答者の無意識あるいは意図していなかった意味について検討され、その人の〝意見〟ではなく、個人の内部で無意識に働いている力についてのデータとなる。

（6）自由の問題については第六章で扱う。

（7）New York: Holt, Rinehart and Winston, 1941〔『自由からの逃走』日高六郎訳、創元社、一九五一年〕。

（8）モンテネグロの生活様式についてミロヴァン・ジラスは、そこでは殺人が人間の経験できる最大の誇りであり陶酔であると説明している。

（9）New York: New American Library, 1964〔『三つの物語』太田浩一訳、福武文庫、一九九一年〕。

（10）神がイヴをアダムの〝伴侶〟としてつくられたという聖書の物語には、この新たな働きが示されている。

第三章　死を愛すること　生を愛すること

（11）H. Thomas, *The Spanish Civil War* (New York: Harper and Row, 1961), pp. 354-55より引用〔『スペイン市民戦争』2、都築忠七訳、みすず書房、一九六三年、三七一―三八ページ〕。トマスはウナムーノの演説を *The Golden Horizon*, pp. 397-409（ルイス・ポルティーリョの翻訳で *Horizon* 誌に掲載され、シリル・コノリーによって再録）から引用している。ウナムーノは自宅に監禁されたまま、数か月後に亡くなった。

（12）クラフト＝エビング、ヒルシュフェルドらは、この願望にとりつかれていた患者の例を何人もあげている。

(13) この象徴的な意味での盲目は、〝真の洞察力〟とはまったく違っている。
(14) C. G. Jung, *Memories, Dreams, Reflections*, ed. by Aniela Jaffe (New York: Pantheon Books, 1963)〔『ユング自伝――思い出・夢・思想』1・2、河合隼雄・藤縄昭・出井淑子訳、一九七二・七三年〕。この本についての私の批評は、*Scientific American* 誌、一九六三年九月号を参照。
(15) 清め(生)と穢れ(死)を分離させる儀式の多くは、この倒錯を避けることの重要性を強調している。
(16) 生産的な性向については、E. Fromm, *Man for Himself* (New York: Holt, Rinehart and Winston, 1947)〔『人間における自由』谷口隆之助・早坂泰次郎訳、東京創元社、一九五五年〕を参照。
(17) これはアルベルト・シュヴァイツァーの主要なテーマである。彼はその著作も人格も、生を愛する者の代表ともいうべき偉大な人物である。
(18) S. Freud, *New Introductory Lectures on Psycho-Analysis* (New York: W. W. Norton, 1933)〔「続・精神分析入門講義」道籏泰三訳、『フロイト全集 21』所収、岩波書店、二〇一一年〕。
(19) E. Fromm, *The Sane Society* (New York: Holt, Rinehart and Winston, 1955), Chap. I. 自殺と殺人の統計についての議論を参照〔『正気の社会』加藤正明・佐瀬隆夫訳、社会思想研究会出版部、一九五八年、第一章〕。
(20) フロイトは死の本能が強いと自殺する傾向が強くなるという反論を受けて、こう述べている。「生物は独自の方法で死ぬ願望を持っている。そのため生物は生の目標を迅速に（ある種の短絡によって）果たすことを助ける出来事（実際には危機）において、もっとも激しく闘うという、逆説的な状況が生じる」（*Beyond the Pleasure Principle*, p. 51〔「快原則の彼岸」須藤訓任訳、『フロイト全集17』所収、岩波書店、二〇〇六年、九三ページ〕）。

(21) 破壊性の分析と一次的・二次的潜在力の区別についての私の分析は、*Man for Himself*, Chap. 5, sec. A〔『人間における自由』前掲、第四章第5節A〕を参照。

(22) S. Freud (Standard Edition, London: Hogarth Press, 1959), vol. IX〔「性格と肛門性愛」道籏泰三訳、『フロイト全集9』所収、岩波書店、二〇〇七年〕。

(23) E. Fromm, *Man for Himself*, pp. 65ff.〔『人間における自由』前掲、一〇五ページ以下〕。

(24) 次のような説明を納得させようとする理論を、私は受け入れることはできない。(a)六千万人のアメリカ人が突然滅亡しても、われわれの文明に深刻で致命的な影響は与えない。(b)核戦争が始まったあとでも、敵国のなかから合理的な考えがなくなることはないだろう。そのため戦争はルールに従って遂行され、全面的な破壊は避けられる。

(25) 一つの重要な答えは、ほとんどの人が――たいてい無意識にだが――自らの個人的生活について心配しているという事実にあるように思える。出世をめぐる絶え間のない闘いと、失敗への恐怖が、常に不安とストレスに満ちた状況を生み、そこでふつうの人は自分と世界の存在への脅威を忘れてしまう。

(26) Joshua C. Taylor, *Futurism* (Doubleday, 1961), p. 124.

第四章　個人と社会のナルシシズム

(27) S. Freud, *On Narcissism* (Standard Edition. London: Hogarth Press, 1959), vol. XIV, p. 74〔「ナルシシズムの導入にむけて」立木康介訳、『フロイト全集 13』所収、岩波書店、二〇一〇年、一一九ページ〕。

(28) この発達についての議論は、S. Freud, *Appendix B* (Standard Edition), vol. XIX, pp. 63 ff. を参照。

(29) S. Freud, *Totem and Taboo* (Standard Edition), vol. XIII, pp. 88-89〔「トーテムとタブー」門脇健訳、『フロイト全集 12』所収、岩波書店、二〇〇九年、一一三―一一四ページ〕。

(30) S. Freud, *Group Psychology* (Standard Edition), vol. XVIII, p. 130〔「集団心理学と自我分析」藤野寛訳、『フロイト全集 17』所収、前掲、二〇六ページ〕。

(31) S. Freud, *Totem and Taboo*, p. 89〔「トーテムとタブー」前掲、一一四ページ〕。

(32) カミュの『カリギュラ』は、この権力の狂気を非常に正確に描いている。

(33) *Man for Himself*〔『人間における自由』〕の自己愛についての私の議論を参照。そこで自分への真の愛は他人への愛と変わらないことを示そうとしている。つまりこの意味での〝自己愛〟、ナルシシスティックな愛は、他人も自分も愛せない人に見受けられる。

(34) うぬぼれの強いナルシシスティックな人と自己評価の低い人とを区別するのが難しいこともある。後者は賞賛と敬意を欲しがることが多いが、それは他人に関心がないからではなく、自分を信じられず自己評価が低いことによる。区別がいつも簡単にできるとは限らない重要な違いがもう一つある。それは、ナルシシズムとエゴティズム（自己中心性）の違いである。激しいナルシシズムは現実を完全なかたちで経験できないことを意味する。激しいエゴティズムは他人に対する興味、愛情、共感をほとんど持たないことを意味するが、主観的な過程を過大評価しているとは限らない。言い換えると、極度のエゴティストは必ずしも極度のナルシシストではない。自分本位だからといって、必ずしも客観的現実が見えなくなるわけではない。

（35）原初的な絆については以下を参照。E. Fromm, *Escape from Freedom*〔『自由からの逃走』前掲〕。

（36）フリードリヒ・ヘールの名著 *Die dritte Kraft*（S. Fischer Verlag, 1960）を参照。

（37）組織の支部や小さな宗派、〝学閥〟など、無害なかたちの集団的ナルシシズムは、他にもたくさんある。これらのケースのナルシシズムの程度が、大きな集団の場合より弱いということはないが、危険性は少ない。それは単に関わる集団に力がほとんどなく、害をなす能力もほとんどないためである。

（38）H. Cohen, *Religion der Vernunft aus den Quellen des Judentums*（Frankfurt am Main: F. Kaufman, 1929).

（39）こうした試みの特殊な手段として、いくつか提案をしたい。歴史教科書は世界史の教科書として書き直し、各国の生活状況は現実に即したものにして、ゆがめてはならない。それは世界地図がどの国でも同じで、それぞれの国が自国を大きく描いてはいけないのと同じである。

さらに人類の発展を誇れるような映画をつくる。人類愛とそれにより達成されることが、さまざまな集団が進めた作業を最終的に統合したものであると示すのだ。

(40) D. T. Suzuki, E. Fromm, and R. de Martino, *Zen Buddhism and Psychoanalysis* (New York: Harper and Row, 1960)〔『禅と精神分析』小堀宗柏・佐藤幸治・豊村左知・阿部正雄訳、東京創元社、一九六〇年〕および、*Beyond the Chains of Illusion*, "The Credo Series," planned and edited by Ruth Nanda Anshen (New York: Simon and Schuster, 1962; and New York: Continuum, 2006)〔『疑惑と行動――マルクスとフロイトとわたくし』阪本健二・志貴春彦訳、東京創元新社、一九六五年〕を参照。

第五章　近親相姦的な結びつき

(41) S. Freud, *Collected Papers*, vol. V, pp. 253-54〔「女性の性について」高田珠樹訳、『フロイト全集 20』所収、岩波書店、二〇一一年、二一六―二一七ページ〕。

(42) エディプス・コンプレックスは生後二年目にすでに始まるというメラニー・クラインの説に、フロイトははっきりと異議を唱えている(*op. cit.*, p. 270〔前掲、二三六ページ〕)。

(43) この状況で興味深いのは、シチリア・マフィアは深い絆で結ばれた男だけの秘密社会であり、女性は排除されているが(そのため危害を加えられないことになった)、そのメンバーから「マンマ」と呼ばれていることだ。

(44) いくつかの重要な面で、私の見解はユングの見解と同じである。ユングは近親相姦的コンプレックスを狭い性的な枠組みから解放した最初の人物である。多くの基本的な点で違っている部分もあるが、その違いについて説明しようとするのは、この本にとっては重荷である。

(45) たとえば神話においては、インドの女神カーリーの二重の役割、夢における母親の象徴としてのトラ、ライオン、魔女、子どもをぶつ魔法使いなどを参照。

(46) ここで少し、母親中心の文化・宗教と父親中心の文化・宗教の違いについて、簡単に触れておこう。ヨーロッパ南部、ラテン・アメリカのカトリック諸国と、ヨーロッパ北部と北米のプロテスタント諸国がよい例である。その心理学的な相違については、マックス・ウェーバーの『プロテスタンティズムの倫理と資本主義の精神』、フロムの『自由からの逃走』で扱われている。

(47) M. A. Sechehaye, *Symbolic Realization* (International Universities Press, 1951) を参照。重度の患者の象徴的固着についての優れた説明がある。

(48) Richard Hughes, *The Fox in the Attic* (New York: Harper and Row, 1961), pp. 266–68.

(49) ネクロフィリア、極端なナルシシズム、近親相姦的共生といった性質を持つ人々の発生率を調べるために、〝投影的質問票〟を使った実験プログラムを提案する。そのような質問票を、アメリカ合衆国人口の各層を代表する人々を標本として実施する。そうすれば〝衰退のシンドローム〟の発生率だけでなく、他の要因(社会経済的地位、教育、宗教、出身地など)との関係も見いだすことができるだろう。

(50) たとえば、E. Fromm, *Man for Himself*, pp. 62ff.〔『人間における自由』前掲、七九ページ

以下〕を参照。

第六章　自由、決定論、二者択一論

(51) マルクスは特にこのジレンマに悩まされた。彼は〝人間の本質〟を語っているが、一八四四年の『経済学・哲学草稿』以降、この表現を使うのをやめ、たとえば〝欠陥のない人間〟について語っている。これは、人間の生来の性質は欠陥を持ちうることを前提としている（『資本論』の第三巻で、彼はまだ〝人間本性〟という概念を使っていて、疎外されない労働とは「人間本性にもっともふさわしく、それに値する」条件下にあるものと語っている）。一方でマルクスは、人間が歴史的過程によって自らを創造すると強調し、ある時点では人間の本質は、自分が住んでいる〝社会の全体的調和〟であるとまで主張している。マルクスが人間の生来の性質という概念を放棄せず、さらに非歴史的、非進化論的な考え方に屈する気がなかったことは明らかである。このジレンマを解決できなかったマルクスは、そのために人間の性質の定義に到達できず、このテーマについての発言はどこか曖昧で矛盾しているままだった。

(52) このあとの数ページにわたる内容は、*The Sane Society*〔『正気の社会』前掲〕に書いてある。その概要をここで繰り返すのは、それが本章の主要部分の基礎をなしているからである。

(53) 鈴木大拙が多数の著書で説いている禅の教えとその実践を参照。特にD. T. Suzuki, E. Fromm, and R. de Martino, *Zen Buddhism and Psychoanalysis*〔『禅と精神分析』前掲〕。

(54) William James, "The Dilemma of Determinism," 1884, reprinted in *A modern Introduc-*

tion to Philosophy, by Paul Edwards and Arthur Pap (New York: Free Press, 1957)〔福鎌達夫訳『ウィリアム・ジェイムズ著作集 2 信ずる意志』所収、日本教文社、一九六一年〕。

(55) 決定論という言葉は、この部分を含めて本書全体で、ウィリアム・ジェイムズや現代の英米圏の哲学者が使う「ハードな決定論」の意味で用いている。この意味での決定論は、ヒュームやミルの著作に見られるものとは区別するべきである。彼らの理論は「ソフトな決定論」と呼ばれることもあり、その論では決定論と人間の自由を信じることは矛盾しない。私の意見はどちらかといえば〝ハード〟より〝ソフト〟な決定論に近いが、それとも同じではない。

(56) この問題について詳しい議論は E. Fromm, *Beyond the Chains of Illusion*〔『疑惑と行動――マルクスとフロイトとわたくし』前掲〕を参照。

(57) 基本的に古典的仏教も同じ立場をとっている。人間は輪廻転生の鎖につながれているが、自分の実存的状況を自覚し、八正道を歩むことによって、決定論から自らを解放できる。旧約聖書の預言者の立場も同じだ。人間には「祝福か呪い、生か死」という選択肢があるが、生の選択に時間をかけすぎると、引き返せないところまで行ってしまうことがある。

(58) この誤りはオースティン・ファラーのような作家にさえ見られる。彼の自由についての著作は、きわめて精緻で鋭い客観的な分析である。「定義によれば、選択とは二者択一である。その二者択一が真の意味で、また心理的に自由であるということは、人々がすでにそれを選んでいるという現象が裏づけている。ときにそれを選べないことがあっても、だからといって選択が不可能であるということにはならない」(*The Freedom of the Will* [London: A. & C.

Black, 1957], p. 151. 強調部分は著者による)。
(59) ライプニッツは「傾かせるが強制はしない」に関して発言した、数少ない思想家の一人である。
(60) *In Time and Eternity*, ed. by N. N. Glatzer (New York: Schocken Books, 1946) に引用されている。
(61) 聖アウグスティヌスは人間が罪を犯す自由を持たない至福について語っている。
(62) これがチェスの結果ならそれほど悲痛ではない。しかし将軍がいつ負けたかを見極めるスキルと客観性を持たなかったために、何百万人もの人間が死んだとしたら、これほど悲痛なことはない。しかしこのような結末を、今世紀に二回も見ている。一回目は一九一七年、そして二回目は一九四三年である。どちらもドイツの将軍たちは勝つ自由がもうないことを理解せず、分別のない戦争を続け、何百万人もの命を犠牲にした。
(63) これらの詳しい議論については、E. Fromm, *Beyond the Chains of Illusion*〔『疑惑と行動――マルクスとフロイトとわたくし』前掲〕を参照。
(64) たとえばフロイトは、患者は治療費を払うという経済的な代償が必要だし、治療したいならフラストレーションがたまろうとも非合理的な幻想を行動にうつさないことが必要だと信じていた。
(65) ここで述べられている二者択一論の立場は、本質的にはヘブライ聖書の立場である。主は心変わりによって人間の歴史に介入することはない。主は使徒、預言者を送り込むとき、三つの使命を持たせる。人間に目標を示すこと、自らの選択の結果を示すこと、誤った選択に異議を申し立てをすること。選択は人間に任され、神でさえも彼を〝救う〟ことはできない。この原理を明確に表現しているのは、ヘブライ人（イスラエル人）が王を立ててほしいと言ったときのサムエルへの主の答えである。「いまは彼らの声に従いなさい。ただし彼らにはっきり警告し、彼らの上に君臨する王の権限を教えておきなさい」。サムエルが東洋の専制政治を徹底的に批判し、ヘブライ人がまだ王を求めたとき、主は言われた。「彼らの声に従い、王を立てなさい」（「サムエル記上」八・二二）。同様に二者択一論を示す考えが、次の文に表されている。「私は今日あなたに祝福と呪いを、生と死を置いた。そしてあなたは生を選んだ」。人は選ぶことができる。神は人を救えない。神がなしうるのは、根本的な二者択一、生と死を提示して、生を選ぶよう促すことである。

（66）　善と悪の衝動という意味の言葉がJezerであるのは興味深い。これは聖書ヘブライ語で〝想像〟を意味する。

エーリッヒ・フロム『悪について』の新訳に寄せて

出口剛司

このたび、鈴木重吉さんの訳で長く親しまれたエーリッヒ・フロム『悪について』(原題 *The Heart of Man*)が翻訳家の渡会圭子さんの手によって新たに訳し下ろされ、ちくま学芸文庫の一冊に加えられることになった。

著者であるエーリッヒ・フロム(一九〇〇—八〇)はドイツ生まれのユダヤ人、新フロイト派の精神分析学者、社会心理学者であり、ナチス台頭の心理的メカニズムを解明した主著『自由からの逃走』(東京創元社)は今や社会学、社会心理学の古典である。また彼の手による『愛するということ』(紀伊國屋書店)は今なお世界中の人びとに読みつがれている。このたび新訳された本書を、『自由からの逃走』の続編であると同時に、『愛するということ』と一対をなす書物とフロム自身は位置づけている。その意味で、本書はフロムを理解する上で二つのベストセラーに勝るとも劣らない重要性を帯びている。学芸文庫の一冊として一般読者にとって手に取りやすくなることで、『自由からの逃走』や『愛するということ』の理解が進むだけでなく、両ベストセラーにはない、フロムからの新たなメッセージを受けることができるだろう。

ここではまず、本書を通してはじめてフロムと出会う読者のために、フロムの生涯と本書の位置づけについて紹介しておきたい。

エーリッヒ・フロムは一九〇〇年、フランクフルト・アム・マインの敬虔なユダヤ系ドイツ人の家庭（ワイン商）に生まれた。フランクフルトは、日本ではアニメ「アルプスの少女ハイジ」のクララとの出会いの舞台として有名となる美しい商都であったが、第二次世界大戦によって市街地の多くを失った。しかし、フロムの生家とその周辺は幸い戦火を免れ、当時の美しい面影を今に伝えている。現存している生家の敷地前にある小さな広場は、その名もエーリッヒ・フロム広場である。フロムは父方、母方ともに代々ユダヤ教の学者や聖職者を出す家系の出身で、フロムという名もドイツ語では「敬虔な」という意味をもつ。またドイツ語にはエーリッヒ（Erich）と似た発音のエールリッヒ（ehrlich）という語があり、「まじめな」という意味がある。「エーリッヒ・フロム」はドイツ語話者には「まじめで、敬虔な」と響く。青年時代、ユダヤ人の友人たちが「エーリッヒ・フロムのように（まじめで敬虔に）なれますように、そして天国に行けますように」という、信仰深い家系に育ったフロムを揶揄する祈りの文句を作ったことが伝えられている。

市内のギムナジウム（中・高等学校）を卒業したフロム青年は、フランクフルト大学で法律学を、その後ハイデルベルク大学で社会学を学ぶ。大学卒業後は、関心を社会学から心理学に移し、フロイト派の精神分析学者として研究と実務に従事する。このころ、正式にユダヤ教の信仰を放棄する。自由（『自由からの逃走』）、善（愛）（『愛するということ』）、悪（暴力・破壊性）（『悪について』）という主題は、まさにユダヤ＝キリスト教的な倫理思想の根幹をなすものだが、フロムの思想は宗教をめぐる争いが激化した現代、特定の宗教に依拠しない自由、善、悪について思索する上で、大きな示唆を与えてくれる。

一九三〇年、マックス・ホルクハイマーが率いるフランクフルト大学社会研究所の社会心理学部門の責任者に就任し、当時最大の関心事であった権威主義や独裁政治に関する学際的研究に携わる。しかし、ナチスの台頭を受けアメリカに亡命、またアドルノの参加をきっかけに研究所も去り、以降は唯物論の立場からマルクス思想とフロイト思想の融合を試み、新フロイト派の社会心理学者として活躍する。一九四一年にはフロムの名を不朽のものとしたファシズム研究の古典『自由からの逃走』が刊行される。一九五〇年からは生活の拠点をアメリカからメキシコへと移し、その間『人間における自由』（一九四七年）、『夢の精神分析』（一九五一年）、『正気の社会』（一九五五年）などを執筆する。メキシコ時代には世界的に有名な日本の仏教哲学者、鈴木大拙と禅と精神分析に関する共同セミナーを開いている（『禅と精神分析』一九五七年）。同じくメキシコ時代の一九五六年に出版された『愛するということ』は、フロムを社会心理学の一研究者から一人の独立した思想家、時代の人気著述家へと押し上げた。一九七四年、メキシコからさらにスイスへと居を移し、『破壊』（一九七三年）、『生きるということ』（一九七六年）を刊行する。なお、これらの書物にはすべて邦訳が存在する。一九八〇年三月十八日、八十歳の誕生日を目前にスイスで永眠。死因は心臓発作である。生涯三度の結婚を経験するが、実子はなく、死後も墓石を望まず、遺骨は遺言にしたがってスイスのマッジョーレ湖上に散骨された。フロムの伝記をまとめたライナー・フンク博士は著書を以下のフロムの言葉で締めくくっている。「完全によそ者であった者だけが、よそ者をほんとうに理解することができる。しかしながら、よそ者であるということは世界中をわが家とすることができる。この二つはつながっている。もしわたしが一つの国において、あるいはすべての国において、よそ者でないならば、私にとって、この世界にわが家はない。そして、もしこの世界にわが家を持つとすれば、わたしは至る所でよそ者であると同時に、よそ者ではないのである」（『エーリッヒ・フロム――人と思想』佐野哲郎・佐野五郎訳、紀伊國屋書店、一九八四年、二一五―六頁）。

ここで、『悪について』に立ち返ろう。本書を一貫するのは、人間の本質的な「悪」とは何か、という問いである。本書が書かれた一九六四年はヴェトナム戦争（一九六〇―七五年）の真っただ中であり、この年、中国が核実験に成功している。その二年前の一九六二年には人類全滅まで危ぶまれたキューバ危機が起こり、本書が刊行される前年（六三年）にはケネディ大統領が暗殺された。そうした中でフロムを捕えたのは、暴力とテロが蔓延し、わずかな対立でさえ人類滅亡の脅威へとつながるという危機意識であろう。たしかに、こうした国際的な政治対立や核の危機は形を変え、二十一世紀に暮らすわれわれをも脅かしており、その意味で本書のアクチュアリティは今もって失われてはいない。しかし本書の魅力は、脅威や危機が国際的な社会情勢の中から浮かび上がるだけでなく、まさにわれわれ一人ひとりの「心」の中から日々生じていることを時代を超えて感じさせてくれる点にある。本書の原題が「人間の心について」とされる理由がここにある。

フロムは『自由からの逃走』『人間における自由』『愛するということ』といった書物で人間の自由と善について、そして本書では悪について正面から論じている。自由、善（愛）、悪（暴力・破壊性）は、道徳哲学や倫理学の世界では三位一体の関係にある。人間の行為や振る舞いについて、善悪という判断が可能となるためには、自由意志がなければならない。自由がなく服従や強制によってなされた行動に対しては、その責任（善悪）を問うことができないからである。ここから自由を享受する人間に対して「自分自身の自由において正しい道徳にしたがい、行動しなければならない、そして道徳や規範にしたがう善は賞讃され、それらに反した悪は処罰の対象となる」という道徳が与えられる。むろん、フロムはこうした「正しい道徳」が前提にする「自由」に疑いの目をむける。

フロムは、自由や善の危うさ、それらが悪へと反転する可能性に繰り返し警鐘をならす。『自由からの逃走』においては、伝統的共同体や封建的身分秩序が解体し、自由を手にした人々が、逆に自由によって孤立、不安、無力の感情に取りつかれ、自由を進んで放棄し、新たな支配と服従（サディズムとマゾヒズム）へと突き進んでいく姿が描かれている。こうした自由は「消極的自由（〜からの自由）」と呼ばれ、その心理的メカニズムが現実化したものがワイマール末期のドイツ、そしてヒトラーの台頭なのである。

フロムにとって、自由が支配と服従へ反転する原因は、個人の内面に巣食う孤独感、不安感、無力感である。これらの孤独、不安、無力といった感情が内側から自己と自己の自由を掘り崩す。そうした感情を克服するために、フロムが提唱したのが、「積極的自由（〜への自由）」であり、生命の表現としての愛である。これらをあえて一言で言うならば、自己の内部、自己と他者の内部に何かを生み出す創造の行為をさす。拘束や抑圧から解放された自由（消極的自由）にとどまるならば、そうした自由は孤独、不安、無力の感情を生み出し、人は再び自由を放棄する。それを回避するための積極的自由とは、単に拘束がない状態ではなく、自己の可能性を能動的に展開し現実の形にする力である。愛とは、他者に執着することや、自己犠牲という代償を支払うことではなく、愛の主体である自分と対象である他者に働きかけ、その内部に新しい感情、観念、経験を作り出す能力のことである。こうした創造の力によって、われわれは負の感情を克服することができる。

本書『悪について』では、新たにネクロフィリア、バイオフィリアという概念が導入されることで、従来の思想がさらに深められる。これまでのフロムの思想と関連づけていえば、積極的自由の実現や愛などの創造性の発現が「善」であり、バイオフィリア（生命への愛）に対応する。では、自由を放棄する権威主義（サディズムやマゾヒズム）が「悪」なのであろうか。実は話はそう単純ではない。フロムは自己防衛、欲求不満、復讐、不信、絶望、憎しみから生じる暴力は「真の悪」ではないと断じる。なぜならば、それらもまた屈折した形であれ、生（創造の力）の増大に貢献しうるからである。サディズム的な残虐さでさえ、ときに生の実感を与えてくれる。フロムの言う真の悪とは、そうした生の力、すなわち創造の力を窒息させ、衰退させるものである。本書では、生の衰退を誘引するものとしてナルシシズム、ネクロフィリア、共生的固着の三つがあげられている。これら三つの病理が本書前半部の中心的な主題である。

ではそもそも、人間はなぜ悪に向かうのか。フロムによると、人類には時代を超えたただ一つの、すべての人間に共通する普遍的課題があるという。それをフロムは「孤立を克服し、孤独の牢獄から抜け出したい」という欲求（を満たすこと）だと言う。なぜ、人はそのような欲求にとらわれるのか。むろん都市化、近代化、グローバル化など、社会学的要因も無視できない。しかしその一方で、フロムはそれを人間の本質、存在の仕方（偶然性）そのものに求める。社会学的要因はそうした存在条件を時に緩和し、時に強化する外的な作用を及ぼすにすぎない。

フロムによると、人間は自分の意志とは無関係にこの世に存在し、また自分の意志とは無関係にこの世を去らねばならない。どこから来たのか、どこへ行くのか知ることなく、サイコロの目のように偶然、たった一人でこの世に生を受け、やがてたった一人で人生という舞台から去る。また、人間には他の動物にはない意識（理性）がある。意識と理性は人に自分が周囲とは違った存在であること、他の人間との間には越えられない壁があること、そして、どんなに親しい人とも、この世で出会った人とはいずれ別れなければならないこと、そうしたことを知らしめる。こうした、消せない染みのような意識が人を激しい孤独感、不安感、無力感へと追いやる。それらの感情は、時として人間の生死を超えるほど強烈なものとなる。フロムによれば、善（愛、バイオフィリア）と真の悪（本書で言うネクロフィリア、ナルシシズム、共生的固着）は、そうした問いそれ自体に対して人間が出す、二つの相異なる答えなのである。だが、これら二つの選択の中から、われわれは悪に向かわず善を選ぶ自由を有しているのか、あるとすればそれをいかにして手にしうるのか、そして善と悪とはそもそもいかなる関係にあるのか、これらの問いに対する答えが本書後半部の主題である。

最後にこれからフロムについて学ぼうとする人々に向けて書かせていただきたい。ドイツのチュービンゲンにはフロムの遺稿を管理するライナー・フンク博士が所長をつとめる国際エーリッヒ・フロム協会（International Erich Fromm Society）があり、フロムに関連するワークショップや国際会議を主催している。フロムの著作や関連する研究書も取りそろえられている。同協会の詳細はホームページを参照されたい。二〇一四年、ベルリン国際精神分析大学に世界中のフロム研究者が会し、三日間に及ぶ熱い議論が戦わされた。二〇一八年には第二回の国際会議が予定されている。そして世界中で専門的な研究書も、絶えることなく刊行され続けている。

一橋大学の学生だったころ、『自由からの逃走』を初めて手にとった。当時指導教官だった社会心理学の佐藤毅先生に「いまごろ、フロムの研究をするなんて、変ですか？」と尋ねたことがある。先生は「いや、全然そんなことはない」と即答された。東京大学大学院に進学し熱心にハーバーマスを読んでいた私に、大学院時代の指導教官であった庄司興吉先生は、少し残念そうに「もう、フロムはやらないのか？」と尋ねられた。私が院生だったころは、社会学にもポストモダニズムの嵐が吹き荒れ、自由、疎外、理性、愛について堂々と語れるような風潮ではなかったのである。しかし、私が選んだ学位論文のテーマはフロムの前期、中期思想であった。研究者になって、日本における先駆的なフランクフルト学派研究者で、フロムの学位論文にまでさかのぼって初期フロムを研究された徳永恂先生（大阪大学名誉教授）が、自分はこれからは「後期のフロムに可能性があると思う」というお便りを下さった。本書は、そうした後期フロムの思想を代表する著作であることを確認しておきたい。

間もなく死後四十年を経過しようとしているが、フロムの人気は依然として高く、そのアクチュアリティはいまだ汲み尽くされてはいない。本書の刊行をきっかけに、また新たにフロムからのメッセージを受け取る人が現われることを期待したい。

本書は、ちくま学芸文庫のために新たに訳出されたものである。

戦争における「人殺し」の心理学　デーヴ・グロスマン　安原和見訳

本来、人間には、人を殺すことに強烈な抵抗がある。それを兵士として殺戮の場＝戦争に送りだすにはどうするか。元米軍将校による戦慄の研究書。

ひきこもり文化論　斎藤環

「ひきこもり」にはどんな社会文化的背景があるのか。インターネットとの関係など、多角的にその特質を考察した文化論の集大成。（玄田有史）

精神科医がものを書くとき　中井久夫

高名な精神科医であると同時に優れたエッセイストとしても知られる著者が、研究とその周辺について記した一七篇をまとめる。（斎藤環）

隣の病い　中井久夫

表題作のほか「風景構成法」「阪神大震災後四カ月」「現代ギリシャ詩人の肖像」など、著者の豊かで多様な世界を浮き彫りにする。（藤川洋子）

世に棲む患者　中井久夫

アルコール依存症、妄想症、境界例など「身近な」病を腑分けし、社会の中の病者と治療者との微妙な関わりを豊かな比喩を交えて描き出す。（岩井圭司）

「つながり」の精神病理　中井久夫

社会変動がもたらす病いと家族の移り変わりを中心に、老人問題を臨床の視点から読み解き、精神科医としての弁明を試みた珠玉の一九篇。（春日武彦）

「思春期を考える」ことについて　中井久夫

表題作の他「教育と精神衛生」などに加えて、豊かな視野と優れた洞察を物語る「サラリーマン労働」や「病跡学と時代精神」などを収める。（滝川一廣）

「伝える」ことと「伝わる」こと　中井久夫

精神が解体の危機に瀕した時、それを食い止めるのが妄想である。解体か、分裂か。その時、精神はよりましな方として分裂を選ぶ。（江口重幸）

私の「本の世界」　中井久夫

精神医学関連書籍の解説、『みすず』等に掲載の年間読書アンケート等とともに、大きな影響を受けたヴァレリーに関する論考を収める。（松田浩則）

モーセと一神教　ジークムント・フロイト　渡辺哲夫訳

ファシズム台頭期、フロイトはユダヤ民族の文化基盤ユダヤ教に対峙する。自身の精神分析理論を揺るがしかねなかった最晩年の挑戦の書物。

ラカン入門　向井雅明

複雑怪奇きわまりないラカン理論。だが、概念や理論の歴史的変遷を丹念にたどれば、その全貌を明快に理解できる。『ラカン対ラカン』増補改訂版。

引き裂かれた自己　R・D・レイン　天野衛訳

統合失調症とは、苛酷な現実から自己を守ろうとする決死の努力である。患者の世界に寄り添い、反精神医学の旗手となったレインの主著、改訳版。

素読のすすめ　安達忠夫

素読とは、古典を繰り返し音読すること。内容の理解は考えない。言葉の響きやリズムによって感性を耕し、学びの基礎となる行為を平明に解説する。

言葉をおぼえるしくみ　今井むつみ　針生悦子

認知心理学最新の研究を通し、こどもが言葉や概念を覚えていく仕組みを徹底的に解明。さらにその仕組みを応用した外国語学習法を提案する。

ハマータウンの野郎ども　ポール・ウィリス　熊沢誠／山田潤訳

イギリス中等学校〝就職組〟の闊達でしたたかな反抗ぶりに根底的な批判を読みとり、教育の社会秩序再生産機能を徹底分析する。（乾彰夫）

新編　教室をいきいきと①　大村はま

教室でのことばづかいから作文学習・テストまで。創造的で新鮮な授業の地平を切り開いた著者が、とっておきの工夫と指導を語る実践的な教育書。

新編　教えるということ　大村はま

ユニークで実践的な指導で定評のある著者が、教師の仕事のあれこれや魅力のある教室作りについて、きびしくかつ暖かく説く、若い教師必読の一冊。

日本の教師に伝えたいこと　大村はま

子どもたちを動かす迫力と、人を育てる本当の工夫に満ちた授業とは。実り多い学習のために、すべての教育者に贈る実践の書。（苅谷剛彦）

ちくま学芸文庫

悪《あく》について

二〇一八年一月十日　第一刷発行

著者　エーリッヒ・フロム
訳者　渡会圭子（わたらい・けいこ）
発行者　山野浩一
発行所　株式会社　筑摩書房
東京都台東区蔵前二―五―三　〒一一一―八七五五
振替〇〇一六〇―八―四一二三
装幀者　安野光雅
印刷所　三松堂印刷株式会社
製本所　三松堂印刷株式会社

乱丁・落丁本の場合は、左記宛にご送付ください。
送料小社負担でお取り替えいたします。
ご注文・お問い合わせも左記へお願いします。
筑摩書房サービスセンター
埼玉県さいたま市北区櫛引町二―六〇四　〒三三一―八五〇七
電話番号　〇四八―六五一―〇〇五三

ISBN978-4-480-09841-2 C0110